敬赠：

"三农"领域的探索者

感谢你们为"三农"事业做出的贡献！

为乡村振兴赋能

为农业强国助力

让我们携手向未来！

中国农业电影电视中心　宁启文

◆ 第十三届全国政协副主席辜胜阻致辞

◆ 农业农村部总畜牧师、农村合作经济指导司司长张天佐致辞

从左到右依次为：

◆ 张　平　中国优质农产品开发服务协会党支部书记、副会长

◆ 范建华　中国农业机械流通协会会长

◆ 刘跃忠　中国农产品流通经纪人协会会长

◆ 张玉香　原农业部党组成员，中国农产品市场协会会长

◆ 房爱卿　第十三届全国政协经济委员会副主任，商务部原副部长

◆ 范骁骏　第十四届全国人大常委会委员，农业与农村委员会副主任委员

◆ 余欣荣　农业农村部原党组副书记、副部长，中国农业绿色发展研究会理事长

◆ 翟虎渠　中国农业科学院原党组书记、院长

◆ 孙中华　原农业部总农艺师，全国合作经济学会会长

◆ 彭李辉　中国电子商会秘书长

◆ 梁　涛　中国中小企业协会副会长

◆ 李书平　北控置业集团总经理

◆ 陈　伟　上海中视国际广告有限公司总经理

主旨演讲嘉宾

◆ 中宣部原副部长、中央文明办原专职副主任王世明发表主旨演讲

◆ 中国农村专业技术协会理事长、中国农业大学原校长柯炳生发表主旨演讲

典型案例荣誉授予嘉宾

◆ 范骁骏　第十四届全国人大常委会委员，农业与农村委员会副主任委员

◆ 房爱卿　第十三届全国政协经济委员会副主任，商务部原副部长

◆ 李春生　第十三届全国人大农业与农村委副主任，中国供销合作经济学会会长

◆ 余欣荣　农业农村部原党组副书记、副部长，中国农业绿色发展研究会理事长

◆ 张合成　第十四届全国政协委员，中国农业科学院原党组书记

◆ 翟虎渠（左2）　中国农业科学院原党组书记、院长

◆ 柯炳生　中国农村专业技术协会理事长，中国农业大学原校长

◆ 张玉香　原农业部党组成员，中国农产品市场协会会长

◆ 朱保成　原农业部党组成员，中纪委驻原农业部纪检组组长

◆ 孙中华　原农业部总农艺师，全国合作经济学会会长

◆ 李永生　中国农村杂志社总编辑

◆ 王一民　农民日报社总编辑

◆ 宁启文　中国农业电影电视中心党委书记、
主任、总编辑

典型案例推介嘉宾

◆ 施金通　中共第二十届中央委员会候补委
员，湖南省十八洞村党支部书记

◆ 金文成　农业农村部农村经济研究中心主任

◆ 毛德智　国家乡村振兴局政策法规司一级巡视员（主持工作）

◆ 刘跃忠　中国农产品流通经纪人协会会长

◆ 严先机　中国群众文化学会法人、副会长，中国艺术科技研究所原副所长

◆ 彭南峰　中国预制菜产业联盟执行秘书长

◆ 仇焕广　中国人民大学农业与农村发展学院院长

◆ 张为志　浙江大学哲学学院创新创业教育中心导师

◆ 韩一军　中国农业大学国家农业市场研究中心主任、教授

◆ 陆　娟　中国农业大学中国农业品牌研究中心主任、教授

◆ 刘　劲　知名演员（周恩来总理扮演者）

◆ 马光远　知名经济学家

◆ 纪连海　知名学者

田间地头给出的答案

——乡村振兴赋能计划典型案例汇编

（2023年）

中国农业电影电视中心　编

中国农业出版社

北 京

本书编委会

主　　任：宁启文

副 主 任：孙密宏　欧阳海洪　黄　霞　庞　博

执行主任：文承辉

成　　员（按姓氏笔画排序）：

卜庆鹏　上官王强　邓立新　尹丽爱　王惠会　主　旋

任　民　孙有胜　刘栋栋　刘艳红　刘春霞　杜　云

张天佑　陈立英　李立新　肖东坡　苏　红　陈　伟

张　洁　李晓梅　宋锦峰　杨　蕊　杨　巍　吴　骥

周　祚　赵永勤　段旭东　钟　倩　赵　鹤　郭志坤

徐　原　常世江　曾丽清　眭夕华　雷建功

主　　编：李立新

副 主 编：杨　巍

执行主编：上官王强

编　　辑：王晓璇　周　涔　马天宇　张　辰　刘晓雅

编辑统筹：白　娃　李　洁　吴广飞　尹纯菊　郝　婧　孙朝阳

乔安冬　李　玉　张欣磊　燕　航　刘思奇

赋能乡村振兴　建设农业强国

——在乡村振兴品牌节暨赋能计划发布仪式上的讲话

　　阳春布德泽，万物生光辉。在这充满阳光、充满希望、充满生机的时节，我们相聚在中国农业电影的发源地——中国农业电影电视中心，共同见证乡村振兴品牌节暨乡村振兴赋能计划发布仪式的启动，这是我们以实际行动落实习近平总书记关于乡村全面振兴重要指示精神的重要举措，也是认真贯彻习近平新时代中国特色社会主义思想主题教育的重要行动。首先，我谨代表活动主办方，对各位领导和嘉宾的到来表示热烈的欢迎，对大家对活动的支持表示衷心的感谢。

　　推进乡村全面振兴，加快建设农业强国，是全面建设社会主义现代化国家的重大战略部署。党的二十大报告指出，"全面推进乡村振兴，坚持农业农村优先发展，巩固拓展脱贫攻坚成果，加快建设农业强国，扎实推动乡村产业、人才、文化、生态、组织振兴"。乡村振兴，既要塑形，也要铸魂。文化振兴是根，也是魂。中国农影作为文化单位，作为意识形态单位，作为"国字号"现代传媒机构、大型综合性影视创作生产基地，对农宣传的国家队主力军，充分发挥近千人的专业人才队伍，紧紧围绕党和国家"三农"工作大局，把70多年的电影创作实力、20多年的央视电视节目承制经验，融入新媒体发展的时代洪流，以主力军进军主战场的魄力和抱负，担负起"三农"新闻宣传的时代使命，承担起纪录农业新发展、农村新面貌、农民新生活的重要任务。现在，中国农业电影电视中心的四块屏全面发力，以承制CCTV-17频道为主的电视大屏提质增效，以纪录电影和科教电影为主的电影大屏蓬勃兴起，以"中国三农发布"为核心的头部平台小屏风生水起，以中央新闻网站农视网和"三农"信息聚合服务平台——"三农头条"为引擎的自有平台小屏全面开花，这些都成为中国农影引领"三农"舆论，聚焦"三农"发展，讲好"三农"故事的底气所在，也是中国农影围绕"三农"开展全方位、多角度、多元化的全维宣推和服务的勇气所在。

为此，中国农业电影电视中心联合中国农业机械流通协会、中国农产品市场协会、中国渔业协会等10家协会和10余家中央媒体，组织实施《乡村振兴赋能计划（2023—2025年）》，计划用3年时间，通过各个权威平台和渠道，广泛宣传各地美丽风光、文明风尚和典型经验，为乡村全面振兴赋能。这次我们在参与"乡村振兴赋能计划"的案例中，组织推介出十二类优秀典型案例，邀请有关领导和嘉宾对各个案例进行点评，目的就是聚合专家资源和全国数百家媒体平台对案例进行强势曝光，合力打造乡村振兴领域最权威的展示平台，为全国各地乡村振兴树立标杆，打造品牌，提供有益借鉴。今后，中国农业电影电视中心将提供CCTV-17公益展播、融媒体宣推、大型活动、直播展示、大屏广告、案例推荐等多项赋能方式，大力推介各地优质产品、特色产业和优秀企业，展示乡村振兴壮丽风采，凝聚农业强国澎湃力量！

乡村振兴，让我们一起同行。

中国农业电影电视中心党委书记、主任、总编辑 宁启文
2023年4月12日

目录 · contents

人才振兴典型案例

文化振兴典型案例

生态振兴典型案例

组织振兴典型案例

农服强农典型案例

名企助农典型案例

文旅惠农典型案例

品牌兴农典型案例

特产富农典型案例

电商助农典型案例

优秀案例

Part 1

产业振兴典型案例（上）

CHANYE ZHENXING DIANXING ANLI

（SHANG）

围绕现代农业与产业融合发展，构建乡村产业体系，促进乡村产业兴旺方面成效显著。

青海省玉树藏族自治州农牧和科技局

◆

构建青藏高原命运共同体 用品牌战略实现生态优先的产业发展"玉树模式"

一、案例背景

世界牦牛看青海,青海牦牛看玉树。青海省牦牛存量600万头,其中玉树牦牛存栏160余万头,是青海牦牛数量最多的地区,素有"牦牛之地""牦牛种地"的美誉,现今被授牌"中国牦牛之都",目前正在打造世界牦牛种源基地。

党的十八大以来,玉树坚持"生态立州、绿色发展"的理念,统筹把握生态保护与经济发展之间的关系,紧紧围绕"农牧民富、农牧业丰、农牧区稳"三大任务,全力打造绿色有机农畜产品输出地主供区,瞄准"高端""高品"做文章,围绕"绿色""有机"下功夫,做大做强牦牛品牌、做精做优牦牛产业,努力把玉树牦牛打造成全州的"主导产业"和"第一品牌"。

二、解决的主要问题

近年来,玉树坚持走生态畜牧业高质量发展路子,着力实施优品种、提品质、创品牌的"三品"战略,实现了种源优、产业兴、品牌响的目标。主要体现在:保护和申报了玉树牦牛遗传资

源名录；构建了特色农畜产品品牌体系；采取政府搭台、联盟导演、企业唱戏的方式，加强了玉树牦牛区域公用品牌的管理；制定出台了"玉树牦牛"1个标准和4个规范；建立了名优特农畜产品展示体验平台和异地宣传展示窗口，全面提升了"玉树牦牛"的市场知名度；转变了农牧业生产方式，**夯实了农牧业发展基础**，解决了第一产业集约化组织程度不高、规模化经营水平不高、标准化生产能力不强的问题，破解了玉树特色农畜产品市场认可度不高的难题。

三、主要做法

稳数量，重质量。玉树通过全面落实草原生态保护补助奖励政策、探索建立生态畜牧业合作社发展路子，推行四季游牧有效措施实现草畜平衡，转变牦牛产业发展方式，延伸产业链、完善良种繁育体系，推动牦牛产业由数量型向质量效益型转变。

重生态，求共赢。加快建立组织化程度高、规模化经营能力强、产业化水平高、基础设施配套完善、高原特色鲜明的草地畜牧业生产经营机制。积极引导支持种养大户、生态（家庭）农牧场、生态畜牧业合作社、产业化龙头企业、社会化服务组织等新型经营主体规范运营发展。2022年，全州生态畜牧业合作社现金分红突破4000万元大关。

立有机，创品牌。近年来，青海省因玉树牦牛被认定为中国特色农产品优势区，玉树牦牛被列入国家家畜遗传资源名录和青海农产品区域公用品牌、入选"中国农产品百强标志性品牌"。在2022年举办的首届中国（玉树）牦牛产业大会上，"中国牦牛之都"正式落户玉树，品牌影响力不断扩大。

抓种业，显特色。玉树藏族自治州按照青海省委、省政府打造"牦牛之都、藏羊之府"的战略定位，认真落实乡村振兴战略"产业兴旺"总要求，着力在牦牛产业规模化、标准化、品牌化上下功夫。抢抓种业振兴的重要机遇，打造以曲麻莱县为重点的"世界牦牛种源基地"，推进"玉树牦牛"本品种选育，推进良种育、繁、推一体化建设，在种业建设上取得了实质性进展。累计推广野血牦牛优良种公种2万多头，使玉树牲畜本品种选育工作逐步走上良性发展轨道。

将"生态优势"转为"发展优势"
绿色发展驱动乡村振兴

一、案例背景

近年来，浙江省乐清市结合"七山二水一分田"地理特点，充分发挥区域内山区生态优势，全面挖掘铁皮石斛宝贵资源，大力发展铁皮石

斛产业，实现种植面积从2003年不足10亩扩大到如今的1.2万亩，形成产、销、旅一体化的全产业链，带动5万多名农民致富增收。获评"全国农村一二三产业融合发展先导区"，获得"国家铁皮石斛生物产业基地""中国铁皮石斛之乡""中国铁皮石斛枫斗加工之乡""国家地理标志产品"4张金名片。

二、解决的主要问题

为协调山区生态和经济发展，乐清市决定彻底淘汰铸造业，大力发展铁皮石斛产业，实现生态和经济并行，以铁皮石斛产业三产融合为抓手，多渠道增加农户收入。**解决了发展快与环境优不能并存的两难问题及产业兴与农民富的协同问题。**

三、主要做法

乐清市坚持"绿水青山就是金山银山"发展理念，在山区大力扶持铁皮石斛产业，深耕"小石斛"成就"大产业"，将"生态资源"变成"致富新财源"，走出了一条绿色发展的新路子。

抢机遇、谋升级，擘画崭新发展蓝图。 抢抓药食同源试点机遇，以一揽子政策驱动一业发展，制定出台"1115"战略和"斛十条"等两大产业发展政策；以一系列资金撬动一链集成，2022年累计投入财政资金5200余万元，撬动社会资本5.4亿元，扶持并打造雁荡山首草石斛栽培基地等产业融合项目；以一整套模式带动一方振兴，村企共建的"铁定溜溜"田园综合体项目，创新采用"企业＋基地＋农户"经营模式，带动下山头村村民年人均增收5000余元，增加就业岗位近5000个。

抓落地、破难题，积蓄磅礴发展势能。 紧抓项目落地，以重大项目引领跨越式发展，招引铁枫堂石斛饮料等3个亿元以上产业发展项目落地；破解标准难题，加强雁荡山铁皮石斛全产业标准体系建设，协助制定《浙江省食品安全地方标准干制铁皮石斛花》等省级标准。

稳本底、提效能，练就坚实发展内功。 稳定种质品质，培优地标品种，与浙江大学合作，启动"雁斛"系列品种选育工作，铁皮石斛组培繁育细分领域年产值近亿元；打造铁皮石斛全产业链大数据应用平台，构建"1个中心＋2个应用平台"模式，已开发大数据中心系统、铁皮石斛质量全程溯源系统等10个系统，通过数字化管理平台和手段，夯实原料供应质量保障，练就坚实发展内功。

数字"柿"业 助力乡村振兴

一、案例背景

广西壮族自治区桂林市恭城瑶族自治县被誉为"中国月柿之乡",是全国县域种植柿子面积最大的县。恭城月柿距今已有1500余年栽培历史,其栽培系统入选第四批中国重要农业文化遗产,被列入第二批中国全球重要农业文化遗产预备名单。乡村振兴战略实施以来,恭城以首批国家数字乡村试点地区为契机,坚持把数字乡村建设作为实施乡村振兴战略的重要抓手,把月柿作为加快经济转型、推动富民强县的产业来抓,形成了集标准化规模化种植、农产品加工及物流、科技研发集成与推广、农业休闲旅游等功能于一体的全产业链条。

二、解决的主要问题

随着月柿种植面积扩大，月柿产量也连年增加，恭城县通过数字赋能解决恭城月柿种植标准化问题，增强恭城月柿综合生产能力和竞争力，突出恭城月柿特色和品质，带动恭城月柿产业持续增效增收，并持续不断将月柿产业发展与村庄建设和生态宜居统筹谋划、同步推进。**解决了种植过程中病虫害监测、预防不到位导致增产不增收的问题。**

三、主要做法

打造月柿数字化种植示范基地，以智能终端"照亮"柿子生产链路。 建设月柿全产业链大数据系统平台。建成智能灌溉施肥示范基地，通过生态大棚与自动高效水肥一体化灌溉设备，利用病虫害智能识别等远程服务系统，实现月柿栽培精准化管理。

搭建月柿生产加工管理系统，以数据资源"点亮"柿子产业加工链路。 搭建月柿加工数字化管理系统，自主研发出国内第一条柿子精深加工生产线，实现月柿由传统加工向柿酒、柿醋、柿子茶叶、柿单宁含片等精深加工产品转变，农产品附加值明显提升。

推进"互联网+农业"信息化建设，以电商直销"映亮"柿子销售链路。大力发展电商直销体系，加大电商直播培训力度，结合产品溯源体系和高效物流体系建设，形成"电商+直播"特色产业。2022年以月柿为主的农产品网络销售额达1.2亿多元，同比增长超20%，累计带动就业、创业总人数1.06万人。

强化"恭城月柿"品牌建设，以数字大屏"擦亮"农文融合旅游链路。依托示范区建设，突出地理标志产品，提炼出"喜柿"品牌定位，发布"恭城月柿"公用品牌。以"瑶韵柿乡"田园综合体项目为载体，用数字化手段对中国月柿博物馆、中国柿子博览园进行升级改造，形成以"恭城月柿"为主题的乡村旅游品牌精品线路，实现三产融合发展。

山东省莱阳市

育莱阳味道千亿集群 探业兴民富莱阳路径
打造乡村振兴莱阳样板

一、案例背景

　　莱阳市是享誉国内外的农产品生产、加工和出口大市，有着近40年的预制菜生产经验，被誉为"中国预制菜第一市"。莱阳市深入贯彻落实中共中央、山东省委、烟台市委关于推动乡村全面振兴的部署要求，立足良好的农业产业化基础，以预制菜突破发展引领传统食品产业转型升级，以食品产业链化工程带动乡村全域振兴，积极探索具有莱阳特色的乡村振兴共同富裕实践路径，努力为创建乡村振兴齐鲁样板贡献"莱阳方案"。

二、解决的主要问题

通过扩大食品产业特别是预制菜产业辐射作用，带动农业产业升级和环境打造，让农业经营有效益，让农民增收有渠道，让农村留人有方法，探索一条以产业振兴为支撑的乡村振兴普适性道路。**解决了基础不牢、发展不均，农业产业链条短、产品附加值低的问题。**

三、主要做法

实施企业倍增工程、突破集群，使绿色食品"千亿航母"和预制菜"百亿集群"初具规模。全市培育鲁花、龙大等国家级农业产业化龙头企业4家、省级龙头21家，A股上市公司2家，规模以上食品加工企业107家，形成了基础雄厚、集聚度高、链条完整、门类丰富的食品产业集群。2022年，莱阳市入围省特色优势食品产业集群和"全国十大预制菜基地"，食品产业规模突破800亿元，预制菜产值达到83.5亿元。

坚持政府引航方向、助航发展，使行业标杆"莱阳标准"和公共品牌"莱阳味道"深入人心。在2023年举办的首届中国国际预制菜产业博

览会、中国国际预制菜产业（山东）交易博览会上，莱阳市都作了典型发言，着力打造中国"云厨房"、世界"菜篮子"——"莱阳味道"区域公用品牌。央视新闻联播对莱阳市进行专题报道，并集中播出《家乡的年味儿》等莱阳预制菜系列专题节目。

推动行业三产融合、促兴产业，使乡村振兴"莱阳路径"和共同富裕"莱阳经验"脱颖而出。莱阳市食品产业通过"产业联盟＋龙头企业＋农民专业合作社＋农户"的模式，大力发展"订单式"标准化种植基地和智慧化养殖基地。全市75%的农产品就地加工转化增值，10万余名农村劳动力实现了"家门口"就业，累计增收8亿多元。莱阳市已成了名副其实的巩固脱贫成果"示范区"、乡村振兴"先行区"、共同富裕"样板区"和共享幸福"试验区"。

陕西省陇县

---◆---

奶山羊产业作为"领头羊"助力乡村振兴

一、案例背景

陇县奶山羊养殖历史悠久，气候温润，生态优良，地处黄金奶带，是世界公认的奶山羊养殖最佳优生区。目前，陇县羊乳产业实现了由战略规划到战略布局、由单一产业到三产配套、由独特产业到脱贫增收融合发展的重大跨越，充分体现了"产业发展支撑乡村振兴，乡村振兴拓实发展基础"的互补互动效应。

二、解决的主要问题

陇县通过实施百万只奶羊发展计划，不断强化奶源基础性地位；通过基地托养、饲草种植、分户扩群等联结形式，带动5200余户养羊种草、持续增收，蹚出了一条赶着羊群发"羊财"的致富新路子；通过全链打造升级，吸附2.4万多人在产业链各环节就业；通过散养变圈养、粪污资源化利用，使"羊粪蛋蛋"摇身变为宝贝疙瘩，让美丽的关山草原休养生息、更具魅力；通过校地合作、协同创新、建立县镇村三级专业人才队伍等，培育了一批懂养殖、会管理、善经营的职业"羊倌"和能人大户，**解决了产业链升级转型不完善和人才聚集效应不明显的问题**。

三、主要做法

陇县县委、县政府始终把群众作为产业发展的主体，利用分户扩群饲养管理简单、规模适中、饲草来源充足的优势，出台了《大力发展"领头羊"经济加快奶山羊产业高质量发展的实施意见》等配套文件，全域发展羊乳产业。

建设规范羊场。构建4个优势产业带；统一建设标准，制定各类羊场建设标准；统一进行设计，万只以下羊场均由县畜牧站设计图纸；统一检查验收，确保新建羊场规范达标。

强化人才保障。聘请世界奶山羊协会主席胡安·卡博特、国内知名专家西北农林科技大学教授曹斌云担任高级顾问，高薪聘请职业经理人，引进"羊博士""羊硕士"10名，县、镇、村三级配备300多名专职畜牧技术人员，全面开展技术指导服务、政策宣传引导，广泛发动群众积极参与羊乳产业发展。

健全联农带农机制。推行"入股分红、分户扩群、基地带动、饲草种植、就业务工、技术支撑"六种扶持模式，把低收入群众嵌入产业发展链条，带动农户4861户，占全县有劳动能力脱贫户的38.3%，户均增收1500元，实现了贫困群众全方位融入大产业、嵌入产业链，加快了乡村振兴步伐。

四川省雅江县经济信息和商务合作局

中国松茸之乡 产业数字化赋能
科技创新力驱动 民族地区产业兴

一、案例背景

　　雅江县委、县政府深入实施数字乡村发展行动，将"数字雅江"作为一项发展战略纳入未来五年经济社会发展总体工作思路。借力东西部协作桥梁，与杭州上城区合作，着力推动数字化建设与实体经济深度融合、数字化理念与雅江"中国松茸之乡"优势产业完美嫁接，使数字化业态覆盖从松茸采摘到生态保护、从松茸溯源到品牌监管、从山间到舌尖的全过程。

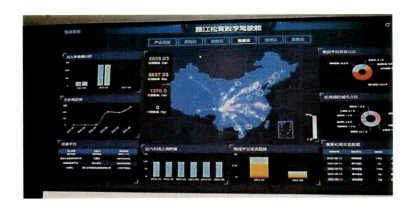

二、解决的主要问题

以"数字雅江"发展战略推动"数字松茸"发展，全力构建"雅江松茸"标准化、品牌化、市场化，推动雅江松茸产业产品渠道扩面、品牌增誉、销售提价，促进稳岗就业、乡村振兴，实现生态保护与产业发展相辅相成、相互促进。**解决了产业链松散、品牌效益不佳、营销渠道不畅、产业模式较为粗放等问题。**

三、主要做法

坚持一张蓝图绘到底。在雅砻江河谷流域规划打造食用菌产业带，以园区为载体，以数字松茸为切入口，开发"五云一码"系统，重塑"数字松茸"全产业链构架，着力提升"中国松茸之乡""雅江松茸"两大品牌知名度，通过溯源系统，促进雅江松茸成为中国松茸产业的头部产品和品牌。

坚持一个产业协会引领。吸纳全县60个销售主体和3家快递物流企业成立雅江县松茸产业协会，定期组织产业研讨交流、对接东部成熟市场，建立采购商、供应商联盟，启动"线上雅江松茸节"主题活动，调动企业和个体户敢为、敢闯、敢干、敢首创的积极性。

建设一个数字平台。用二维码赋能采摘、服务、流通、治理、监管作用，为全县1060个采摘户免费提供GPS定位智能背篓。数字化建档松茸采摘环境信息、采摘人员信息等，共同推进雅江松茸保护性开发。

规范一套产品标准。对松茸采摘、产品包装、二维码使用、物流运输4个环节分别制定4套标准。针对不同产品制定5个分级标准，对符合标准的产品授予"雅江松茸"品牌使用权，引导雅江当地经营企业把产品标准和市场配置无缝接轨。

打造一个区域品牌。引入专业农产品品牌运营团队，打造两大品牌，重塑品牌核心价值，制定品牌战略，明确品牌定位，培养品牌管理人才。

培育一支产业团队。聘请"松茸守护官"10名，在"数字松茸"平台开拓农牧业技术推广功能端口，特邀农业科学高端人才与本地农牧业专家和基层科技人员组成农牧业科技服务队，传承、培养、培训一批现代化农业产业链本土人才，加快提升雅江本地农业产业现代化能力。

围绕农业"5+2"产业体系布局
积极推动特色农业

一、案例背景

宜宾五粮液股份有限公司（简称五粮液公司）认为，传统、悠长、深层的酒品是公司发展的根基、精髓，坚信天然优质的多种粮食原料是酿造大国浓香的基础优势所在，是实现品质价值回归、市场价值回归的

基础。2017年11月，五粮液公司组建成立宜宾五粮液有机农业发展有限公司（简称农业公司），农业公司积极响应乡村振兴号召，向上延伸产业链，推动供应链体系改革，按照"宜宾为核心、四川为主体、兼顾国内部分粮食优质产区"的规划，升级建设专用粮基地115万亩。

二、解决的主要问题

宜宾地处"中国白酒金三角"，为五粮液公司专用粮基地核心区，其得天独厚的土质、气候和优质的水源，赋予了粮食结构疏松、利于蒸煮的优秀特质。五粮液公司高度重视宜宾域内专用粮基地建设，重点布局了糯红高粱、稻谷、玉米、糯稻4个品种。通过"定制生产"模式，建立了"五粮液＋平台公司＋村资公司＋农户"合作机制；五粮液公司秉承"规模发展、科学种植、标准生产、优质优价"原则，对专用粮产业发展起到了引领带动作用，建立了"让酿酒企业用到高品质粮食""让合作伙伴拥有稳定的经济收益""让农户得到充分的收入保障"的供应链生态，解决了为乡村振兴注入强劲动力的问题。

三、主要做法

以示范基地建设引领农旅融合。五粮液公司以酿酒专用粮基地升级建设为抓手，优选优质基地资源，通过"核心示范基地"建设，带动一二三产业融合发展，践行乡村振兴发展战略。一是选定南溪仙临核心示范基地，投入约1000万元，建设世界最大的"五粮液Logo大地艺术景观"，以"菜花节""高粱节"形式吸引了大批游客前来参观，成为南溪区农旅融合样板。二是升级打造翠屏区左湾核心示范基地，投入约500万元，打造"五粮液专用粮基地微展馆"，通过农业科普、技术创新、基地分布等版幅内容，展现五粮液公司专用粮基地"从一粒种子到一滴美酒"的演变历程。目前该基地已成为翠屏区农旅融合样板、旅游摄影网红打卡点，也是"酒王之旅""五粮液之旅"的重要参观景点，更是五粮液公司助力乡村振兴的重要样板。游览者在享受视觉盛宴的同时，对五粮液公司的企业文化、白酒文化、农耕文化有了更深入了解。

　　以专用粮基地建设助力农民增收。 2022年，五粮液公司积极推动特色农业——酿酒专用粮产业高质量发展，带动地方社会经济发展，践行"乡村振兴"发展战略。五粮液公司在全国优势产区共发展专用粮基地115万亩，带动约25.7万种植户，实现一产产值约18.4亿元，户均收入达7200元。"十四五"期末，五粮液公司200万亩酿酒专用粮基地，将带动约50万种植户实现一产产值约37亿元。

江苏省南京市六合区

六合农特优品 绿色先行筑牢生态底色
"链式发展"带动村强民富

江苏省南京市六合区，生态环境良好，农业资源丰富，一产占GDP比重达12.4%，每年产出南京市41%的粮食、25%的蔬菜，是南京的"米袋子""菜篮子"。六合区突出链式发展，促进主导产业提质增效；聚焦优质稻米、油料、绿色蔬菜等主导产业，获得"中国好粮油"行动示范区、省级粮食增产贡献突出表彰等荣誉，入选江苏省绿色蔬菜产业特色区；突出品牌培育，打造特色产业竞争优势；大力发展茶叶、薄壳山核桃、猕猴桃、甜柿等经济林果产业和蛋肉鸽、肉鸡、鲈鱼等特色养殖产业，培育形成多个优质农产品品牌，将农产品市场知名度和竞争力持续提升。

六合区现有"二品一标"农产品286个、绿色优质农产品比重达75.5%；全区森林面积54.73万亩，林木覆盖率25.69%，自然湿地保护率达61.2%；累计创成国家森林乡村3个，省、市级美丽乡村589个。六合区突出三产融合，做强乡村产业发展载体。创成六合龙池（程桥）省级现代农业产业示范园、2个市级都市现代农业产业示范园、近百家农业产业化龙头企业和320家示范家庭农场。突出创新驱动，赋能产业升级村强民富。加快实施省级"互联网＋"农产品出村进城试点工程，成功入选第二批全省乡村数字经济专项试点，创新"1＋9＋N"订单农业新模式，健全利益联结机制促进农业高质量发展。

广东省茂名市农业农村局

世界最大优质荔枝生产基地
年产值超100亿元

广东省茂名市是世界最大的优质荔枝生产基地，全市70%的乡（镇）大面积发展荔枝，荔枝农户达65%以上。近年来，茂名市农业农村局积极推进荔枝产业高质量发展，积极探索特色产业发展新路子，以荔枝产业的"小切口"推动现代农业的"大变化"。

据统计，2022年全市种植面积139.22万亩，产量55.06万吨，鲜果销售收入80.7亿元，全产业链产值超100亿元。先后创建茂名荔枝国家现代农业产业园、广东省荔枝现代农业产业园、广东（茂名）荔枝跨县集群产业园等发展平台。建成国家荔枝种质资源圃、中国荔枝博览馆、中国荔枝产业大会会址等"国字号"平台。

全市涉荔规模以上龙头企业21家，荔枝全产业链条提供农民就业岗位超过15万个，2022年荔农人均可支配收入超过3万元。荔枝电商产业发展迅猛，全市电子商务平台（网店）3600多家，微商5000多家，2022年电商销售荔枝6.46万吨。创新"荔枝定制"模式，打造"荔枝＋文旅产业"，以荔枝古树为核心，打造农旅融合样板，每年接待游客超2000万人次。

Part 2
产业振兴典型案例（下）

围绕现代农业与产业融合发展，构建乡村产业体系，促进乡村产业兴旺方面成效显著。

江西加大集团有限公司

全产业链生产绿色安全肉食
助力红色热土蓬勃发展

一、案例背景

　　江西加大集团有限公司（简称加大公司）来自有"红色故都、客家摇篮"之称的江西赣州，公司是集科研、饲料生产、种猪培育、生猪养殖、生猪屠宰、肉制品深加工为一体的全产业链现代农牧企业，是农业产业化国家重点龙头企业、国家生猪核心育种场。30多年来，公司深耕"三农"、服务"三农"，秉承"为养殖户谋利、为消费者造福"的企业宗旨，为乡村振兴不懈努力，为社会提供健康、绿色、安全的猪肉及肉制品。

二、解决的主要问题

加大公司研发高科技饲料、进行种源培育，让赣南苏区养殖户用上好饲料、养上好种猪，**解决了养殖户养殖成本高、缺少完整安全的饲养体系等问题**，带领养殖户增收致富。以烤肠为突破点，打响以新鲜猪肉做烤肠的行业第一枪，让老百姓吃上健康绿色的好猪肉、好烤肠。

三、主要做法

博采全球先进，立足中国实际，全力研发高科技饲料和种猪繁育。加大公司研制发明的"加大乳猪熟化浓缩料"，为世界首创、中国第一。加大人不断创新，在饲料业还创造了多个第一：第一个直接把饲料卖给乡（镇）经销商，建立了庞大稳固的乡镇销售网络；第一个推出5千克包装饲料，方便广大农村散养户购买。在种源培育上，从美国引进2000多头有冠军血统的祖代种猪，与江西农业大学、中山大学及美国华特希尔育种公司长期保持合作，与国际先进育种水平保持同步并进，并繁育出"加大牌"种猪，从根源上解决养殖户小猪质量不高的问题。

成立加好养殖公司，采用"公司＋农户"模式，帮助赣南苏区农民增收致富。加好养殖公司提供猪苗、饲料、技术、资金，回收肉猪进自己的屠宰加工厂。2021年、2022年在赣州地区分别出栏46万、55万头，每年带动赣南300～400户养户，平均每户出栏1500头，每头代养费300～500元，农户代养一年收入近2亿元，每个代养户每年增收50万～60万元，为赣南苏区乡村振兴、农民增收致富贡献力量，同时为赣州市及周边县城提供绿色、安全、放心肉，做好"菜篮子"工程。

　　成立江西美园食品有限公司，延伸产业链条，让全国人民吃上好肉肠。江西美园食品有限公司率先推出以新鲜猪肉制作的"7小时鲜"烤肠，打破烤肠行业传统，让每一根烤肠都是新鲜猪肉制作，从生猪屠宰到烤肠加工、新鲜猪肉原材料控制在7小时内完成，保证绝对新鲜。

山西戎子酒庄有限公司

传承千年酿造技艺 打造原生态酒庄酒
以产业发展赋能乡村振兴

一、案例背景

　　山西戎子酒庄有限公司（简称戎子酒庄）拥有15年的发展历史。通过分析乡宁县城北垣的各个地块土层酸碱度、有机物质、当地年降雨量等条件，在多种作物种植模式间大量调研、反复筛选后，专家们一致认为乡宁县城北垣一带是酿酒葡萄的黄金生长地带。于是，庄主张文泉决定以发展酒庄为核心，创建山西戎子酒庄有限公司，探索由"黑"转"绿"带领农民共同致富的新路子。

二、解决的主要问题

目前，戎子酒庄栽培优质酿酒葡萄5800余亩。在葡萄未挂果前2年，戎子酒庄每亩每年补助种植户400元，累计补助高达480万余元；免费为种植户提供架材、苗木、地膜等材料，以及灌溉、挖沟、技术指导等全方位支持，累计补助农民1800万余元。同时，将发展与民生工程、富民工程相结合，共投资757万余元铺设村级公路约11.2千米，2885万余元进行水利设施建设。不仅带动了9个行政村、22个自然村的近千户种植户脱贫致富，同时解决了当地百姓出行难以及所在村15000余人的生产生活用水等问题。

三、主要做法

创立科学的栽培管理体系与完善的经营管理模式。葡萄基地被称为酒庄的"第一生产车间"，也是葡萄酒的"首环"生产线。戎子酒庄葡萄园基地作为"第一生产车间"，拥有科学的栽培管理体系以及完善的经营管理模式。

"三足鼎立"为产业发展提供稳固基础。戎子酒庄的发展建立在"三足鼎立"的稳固基础之上。一是立足客观的现实基础和专家的科学论证。乡宁县地处北纬35°41′30″—36°09′37″，属全球公认的黄金酿酒葡萄产区。二是依托当地积淀深厚、源远流长的文化资源打造品牌。三是坚持"把党的宗旨书写在酒庄发展的历程中"，坚定不移跟党走、听党话，得到了省、市、县各级政府相关机构的大力支持和扶持。

　　大力推进科技创新，以科技创新引领戎子高质量发展。戎子酒庄投入科研经费3000万余元，主要产品以干红、干白和桃红为主，分为大戎子、戎子、小戎子、戎子鲜酒四大系列。经过多年努力，戎子酒庄技术中心被认定为省级技术中心，从美国、意大利、法国等国家引进世界先进设备，研发上市20余款葡萄酒产品，发表了22篇科技论文，获得了21项专利。

　　大力引进高层次人才，以人才引领戎子高质量发展。2010年，酒庄聘请素有"法国酒王"之称的柏图斯酒庄原酿酒师让·克劳德·柏图先生担任首席酿酒师，聘请美国、法国、日本等国家的30余位国际顶级专家、学者担任酒庄技术顾问，有国家级酿酒师1名，拥有国家级葡萄酒评委3名、国家一级品酒师4名、国家三级品酒师38名、国际侍酒师（ISA）3名。

浙江千济方医药科技有限公司

统一菌种源头 重塑桑黄标准
用产业升级推动乡村振兴

一、案例背景

浙江千济方医药科技有限公司（简称千济方公司）恪守"科技创新 振兴国药"的信念，长期不懈坚持中药桑黄的研究，实现了桑黄从农副产品到食品、再到中药材的飞跃，让桑黄重新回归中药材序列，突破了临床应用的瓶颈。从浙江到安徽，再从吉林通化到吉林延边，一路探索最佳种植区域，也一路从精准扶贫走向乡村振兴。10多年来，带动当地农民种植，确保种植桑黄的农民每亩地收益在7万～10万元，并通过桑黄深加工带动桑黄农业种植业的持续发展。

二、解决的主要问题

千济方公司建立桑黄菌种库，参与制定浙江省桑黄种植标准、农业农村部桑黄等级标准、农业农村部桑黄生产技术规范等标准规范；推动中国桑黄拉丁名的统一，推动浙江、吉林等省的桑黄中药饮片身份的获得，推动桑黄获得地方药材许可及食品许可；与浙江省肿瘤医院科研团队合作开展"复方桑黄饮软坚散结抗癌临床研究"和"复方桑黄饮对放射性肺炎临床研究"两项课题研究，**解决了中国桑黄产业标准模糊、市场销售局限性大、普遍认知度不高等问题。**

三、主要做法

打造产业园区，提高生产产值。2018年，千济方公司启动长白山桑黄产业园项目，扶持安图返乡创业大学生张德智建立了安图县第一个桑黄种植示范基地——桑黄产业园。目前，桑黄产业园整体占地总面积达11万平方米，已覆盖安图县新合乡的6个村，同时孵化县内外地区22

处，共种植菌椴数量200万余棒，年产桑黄产品约30吨，产值达3000万元，种植规模全国领先。2022年11月，千济方桑黄产业园所在的安图县新合乡青沟子村入选全国"一村一品"示范村镇。

加大科研合作，严格行业标准。千济方公司联合中国农业科学院科研团队从菌种的选育迭代到桑黄绿色种植技术规范，再到原料等级要求等各个方面，同时向产业园进行技术输出与孵化；产业园内对土壤、温度、湿度、光照、二氧化碳浓度等指标进行全天候不间断监测，做到种植流程全记录、种植历史可追溯。

统一合作模式，促进增收致富。千济方公司坚持实行统一菌种、统一培训、统一管理、统一采收，统一收购的订单式合作模式，降低农户生产投资成本，减少生产技术造成的风险，带领农户创收。截至2023年3月，千济方公司在延边安图、汪清两县已带动3个乡（镇）、17个村进行桑黄种植。高附加值的桑黄产业，促进了当地农业产业结构的调整和优化，已成为延边地区推动乡村振兴发展的"新动能"。

海南农垦热作产业集团有限公司

深耕绿色农业发展道路
打造增效增收的农业产业化联合体

一、案例背景

　　海南农垦热作产业集团有限公司（简称热作集团）是海南农垦控股集团旗下全资二级企业，有着近70年的发展史、37年的品牌传承，属中国第三大垦区。企业以"全产业链"运营，打造母山咖啡、白沙绿

浙江常山恒寿堂柚果股份有限公司

---◆---

引进香柚带动本地胡柚产业发展
精深加工赋能传统产业提高附加值

一、案例背景

2015年，浙江常山恒寿堂柚果股份有限公司（简称柚香谷公司）从日本引进香柚（YUZU），累计投入资金3亿元，定植香柚苗木1万亩，以订单形式收购胡柚，日生产双柚（香柚＋胡柚）汁12.6万箱。2021年全年销售额仅为3189万元，2022年全年销售额达到4亿元，2023年预计销售额达到15亿元，纳税1.3亿元。力争到2025年，新增香柚种植基地3万亩，香柚鲜果产量1.5万吨，双柚深加工原料产品及其制品年总产值达到50亿元以上，税收总额5亿元以上，吸纳劳动力1000人以上，年带动农民增收1亿元以上。

二、解决的主要问题

随着双柚汁销售火爆，对胡柚需求增长，柚香谷公司2023年以订单形式收购胡柚，成功提升胡柚收购均价，改善当地胡柚卖不上价，甚至无人收购的情况。同时以"土地流转＋优先雇佣＋社会保障""村集体固定收益＋农户租金＋农户就业＋企业兜底经营"等方式，通过发展香柚全产业链，带动农民就业、促进农民增收，**解决了农户及村集体经济收**

入低的问题。

三、主要做法

盘活闲置资产，提高低效土地附加值。两山合作社以2500万元收购柚香谷公司3200亩基地（含30万株香柚树），同时将收购的香柚基地返租给柚香谷公司经营管理，柚香谷公司承诺3年后回购基地。两山合作社将天马街道天安村2000亩荒山和辉埠片区3000亩土地进行统一流转、全面整治，将碎片化的土地开发成集中连片的基地，转租给柚香谷公司种植香柚。柚香谷公司在常山流转闲置低丘缓坡土地1.2万亩，土地流转费每亩300~500元。

灵活收益分配模式，带领农民增收致富。柚香谷公司充分利用三产融合优势，实现"土地流转+优先雇佣+社会保障"等利益共赢联结方式。在不改变农民土地承包经营权的前提下，通过村集体（街道）统一流转土地给企业，使农民不仅获得流转土地费用，还可以优先在企业工作获得劳务报酬。例如：天马街道天安村曾是远近闻名的省级贫困村，村集体经济收入低，柚香谷公司在天马街道天安村、和平村集中打造扶贫基地2400亩，制定"村集体固定收益+农户租金+农户就业+企业兜底经营"的利益分配模式，明确给予扶贫基地村集体和农户年均固定收益7.5%的回报，合作期限30年，受益608户农户，户均收益4467元/年。2021年，天安村集体经济收入达到36万元。同时，柚香谷公司每年落实当地农户就业，为当地直接创造300多个就业岗位，工厂员工平均年收入7万元；种植基地员工平均年收入5万元，让村民们实现在家门口挣钱，有力带动当地就业和增收。

订单式收购，提升当地胡柚收购均价。往年的常山胡柚，经销商从农户手里收购价格约1元/千克，甚至无人收购。随着双柚汁销售火爆，胡柚的收购价格也水涨船高。2023年，柚香谷从种植农户手里订单式收购胡柚，统货均价达到3.4元/千克，增加了农户种植收入，提升了农户种植积极性。

江苏明天种业科技股份有限公司

发挥种子"源头""载体"作用
打造种业为龙头的农业创新服务平台

一、案例背景

农业强，种业必须强。江苏明天种业科技股份有限公司（简称明天种业公司）于2001年由江苏省农业科学院投资创办，主营业务包括水稻、小麦、玉米等主要农作物种子育种、繁殖、推广业务。明天种业公司建有企业院士工作站、种业工程技术研究中心和育种研究院等科研平台。全国种业企业综合排名第11位。

二、解决的主要问题

全面推动乡村振兴，必须切实推进现代种业高质量发展，需要一批种业企业在科技创新和品牌创建上有所突破。明天种业公司是我国种业企业创新走在前列的企业之一，近年来在行业竞争激烈、市场需求趋弱的大环境下，能够把握机遇，准确定位，在主营业务开展、产业链延伸、海外业务拓展等方面取得长足发展，使公司整体业务得到了较高质量的提升，实实在在地带动了农民增产增收，脱贫致富，**一定程度上解决了农民选种难、种田难、卖粮难的问题。**

三、主要做法

优化产业发展布局。明天种业公司在国内市场主营业务涉及稻、麦、玉米，销售区域和作物类型没有局限在江苏、安徽的常规稻麦，而是因地制宜优化发展布局。例如：在长江流域，主推杂交水稻和常规籼稻；在黄淮海区域，有较强竞争力的优势玉米系列品种在运作。

延长产业发展链条。明天种业公司在坚持品种和区域多元化的发展以保证公司安全运营的同时，积极延伸种业产业链，通过成立子公司——江苏明天南粳米业有限公司，打通优质稻种的育种、繁殖、推广、生产、加工、销售的闭环模式。该模式的运行，打通了产品销售渠道，实现订单种植，带动种子销售，进一步促进明天种业主营业务发展。在海外拓展上，也采取了多元化发展，不仅将原有的稻米产业链做长做深，还开展了油料作物如蓖麻、豆类、花生等的订单种植和产品加工，并配套了对应产能的加工线建设，真正实现了在国内做出特色、海外做出影响的目标。

强化产业发展服务。明天种业公司正着力打造以种业为引领的农业创新服务平台。充分发挥和深挖种子的"源头"和"载体"作用，实现产业服务的增值，创造出比竞争对手更高的价值，从而满足终端用户的需求；与加拿大龙灯公司合作，成立了子公司江苏龙信佰年农业科技有限公司，对种、药、肥等物资实行终端用户直供，减少中间环节，降低种植成本，为终端用户提供优质价廉的种、药、肥、飞防等服务，合纵创新，连横发展，集成和创新农业全产业链的技术服务平台。

怀仁市奕佳瓷业有限公司

传习百代制瓷技艺 研发现代制瓷科技
打造兴家乐业瓷器行业新风

一、案例背景

怀仁市奕佳瓷业有限公司创建于2015年9月，位于怀仁市经济技术开发区陶瓷工业园区内，是一家集科研、设计、生产、销售于一体的综合性日用陶瓷企业，现有职工1200多人，其中高中级专业技术人才300

多名，公司可日产陶瓷50万件，主要生产高档日用酒店瓷十大系列500多个品种，满足了各大菜系、餐厅对陶瓷器具的需求，产品遍及祖国大江南北及国外多个地区，深受消费者青睐。

二、解决的主要问题

怀仁市奕佳瓷业有限公司是怀仁市建成"北方日用瓷都"的龙头企业和"怀仁市陶瓷专业镇"建设的领军企业。2021年7月，河南省新乡市红旗渠区洪灾肆虐，该公司第一时间给予了人力物力上的支持。在实现生产销售质优多品类日用陶瓷的同时，努力改善职工生活水平，同时也为当地经济建设做出重大贡献，**解决了部分农民工就业难、薪资低的问题**。

三、主要做法

以质量求生存，坚持薄利多销。怀仁市奕佳瓷业有限公司成立以来，坚持以过硬的产品质量和完善的售后服务赢得市场的青睐，公司在激烈的市场竞争中始终保持竞争力。2021年，公司在原来3条半自动化生产线的基础上又扩建了1条全自动化中高档日用瓷生产线，该生产线的投产，实现了当地陶瓷行业粗放型模式向集约型模式的转变，为企业科技升级和陶瓷行业的科技自动化产业升级引领了方向，助推了地域经济的健康发展。

以创新求发展，着眼全球热点。怀仁市奕佳瓷业有限公司投巨资开发生产的高压注浆日用酒店瓷及彩印陶瓷，花式新颖，品种多样，质感细腻，外观精美，成为高级餐厅制作餐饮的首选产品。各类餐具、杯碟出口世界各地，实现公司快速稳定发展，走出了"奕佳"独特的发展之路。

以文化为底蕴，引领企业不断向前。"造福一方，持续健康发展"是怀仁市奕佳瓷业有限公司不变的初心和宗旨，"做行业楷模，和谐企业，以实求适"是公司不懈奋斗的目标。怀仁市奕佳瓷业有限公司从创立到今天已形成了自己深厚的企业文化底蕴，并将引领企业不断向前！

广西百菲乳业股份有限公司

◆

中国奶水牛领军者
致力乡村振兴 让奶农"牛"起来

广西百菲乳业股份有限公司坐落于著名的"中国奶水牛之乡"——广西灵山县，是一家集养殖、生产、研发和销售于一体的企业。公司通过实施"公司＋基地＋合作社＋农户"的产业化经营模式，实行统一技术规范、统一配种、统一疫病防治、统一集中挤奶的"四统一"运作模式，把分散的奶农组织起来，形成利益共同体，实现了生产、管理、经营、销售一体化。公司先后获得2020年度天猫乳制品冰激凌行业超级明星奖、2020年"广西万企帮万村精准扶贫行动"先进民营企业、2021年广西壮族自治区农业龙头企业、2022年广西制造业100强企业等荣誉。公司做强产业链，提升价值链，进一步推动有机水牛奶等高品质特色农产品发展，做大做强水牛奶品牌，依托奶水牛养殖产业带动群众致富，以奶业振兴赋能乡村振兴！

云南一叶生物科技股份有限公司

百姓种植无忧 产品畅销致富
科技创新农产品深加工

云南一叶生物科技股份有限公司成立于2014年，是一家集科研、生产、销售为一体的高科技农产品加工企业。公司占地面积36.36亩，主要采用超临界CO_2萃取技术生产经营核桃油、茶叶籽油、红花油等植物油产品。目前公司已成立云南省葛发欢专家工作站，通过云南省科技型中小企业认定、省级龙头企业认定、规模以上企业认定，获得有机产品认证、HACCP认证、ISO9001质量管理体系认证等，并成为"中国林业产业联合会木本油料分会"会员企业，"国家核桃油产业创新战略联盟"理事单位，"全国名特优新农产品"企业，T/CCOA 2—2019特级核桃油起草单位。

宁夏回族自治区石嘴山市惠农区东永固村

枸杞产业富民 集体经营性资产增长42倍

宁夏回族自治区石嘴山市惠农区东永固村坚持党建引领，聚力支部领办合作社，以宁夏优势特色产业枸杞为主导，深入推进枸杞产业融合发展。先后荣获全国"一村一品"示范村、中国美丽休闲乡村、自治区农村产业融合发展示范园、自治区创业创新基地及宁夏特色旅游村等荣誉。

东永固村党支部探索提出"1314"的村集体经济发展模式，即以党支部为核心，以做好乡村"3件事"（谋产业、争项目、做内容）、服务乡村"3个人"（原乡人、返乡人、新乡人）、掘好乡村"3桶金"（收租金、挣薪金、分股金）为抓手，以共同富裕为目标，推进乡村"4个实现"（农业产业化、农村庄园化、农民职业化、组织高效化）。通过"1314"村集体经济发展模式的深入实施，东永固村提供固定岗位47个，为村民及生态移民提供临时就业岗位5000多人次，其中脱贫监测户11户，年发放工资200多万元，村民人均可支配收入达到了2.16万元，村集体经营性收入从2018年到2022年增长了73倍，村集体经营性资产增长了42倍，并实现了首次分红。各项指标均跃居石嘴山市前列，真正将美丽产业转化为美丽经济，也让村集体的"腰杆子"挺起来了，农民的"钱袋子"鼓起来了。

Part 3

人才振兴典型案例

RENCAI ZHENXING DIANXING ANLI

加强人才队伍建设，充分发挥人才在全面推进乡村振兴中的作用，并取得显著成效。

打造"汉阴式"落实办法
做好"汉阴式"管护文章

一、案例背景

汉阴县曾是国家扶贫开发重点县、秦巴山区集中连片特困地区覆盖县之一，是全国脱贫攻坚主战场的核心战区。脱贫攻坚期间，汉阴县持之以恒投入农业农村建设，坚定不移兴产业、促增收。党的十八大以来，汉阴县共投入各类财政专项资金、统筹整合财政涉农资金、行业扶贫资金、苏陕协作资金、社会扶贫资金、地方债券资金等扶贫资金51亿元，扶贫项目资产总规模达25.36亿元。

二、解决的主要问题

汉阴县对全县25.36亿元扶贫资产进行了清产核资，全部实行二维码管理，全面掌握扶贫资金的用途和去处，按照资金的实际使用权分为到户类、到村类、到镇类、到县级部门类，并进行了确权，避免了扶贫项目资产流失。不断加强扶贫资产管理，明确资产管护责任人，对各级各类扶贫资产采取不同的管理方法，制定管理制度，明确收益分配。持续开发利用闲置扶贫资产，以"国企带镇村"模式，把资产入股国企，由国企管理运营，使扶贫资产持续产生收益，实现保值和增值。**解决了扶贫资产底子不清、重建轻管、效益不高等问题。**

三、主要做法

摸清家底，解决"管什么"的问题。对资产分类登记建账和信息上卡，汇总生成县、镇、村三级经营性、公益性、到户类资产管理卡片。每项资产生成唯一二维条形码，扫码即知资产信息，实现资产全过程跟踪管理。到镇进行常态化指导培训，进行对账管理、经确认无误后录入全国防返贫系统资产管理模块和财政系统资金管理台账。

分类施策，解决"怎么管"的问题。"四个一"管好公益性资产，即组建一支队伍，安排一笔资金，制定一套标准，开展一次考核。"两种模式"盘活经营性资产，即国企带镇村模式和联合社运营模式。

夯实责任，解决"谁来管"的问题。分级移交落实管护责任，全民参与确保公平公开，提级监管明确处置程序。

科学分配，解决"管得好"的问题。经营性资产产生的收益落实到相应产权人，到村经营性资产收益归集体所有，农户平等享有收益分配权。

云端聚专家 科技助振兴

一、案例背景

四川省广元市旺苍县位于川陕革命老区核心区，是四川省科技厅定点帮扶县。为全面推进乡村振兴，在四川省科技厅系统构建的"四川科技兴村在线"平台下，旺苍县强化网上对接联系各级各类

科技人才资源，提供"7×24"专家信息技术服务，精准解决农业先进适用技术进村入户难的问题，有力推动农业产业发展，使旺苍县在全面推进乡村振兴的道路上实现"加速跑"。

二、解决的主要问题

通过在全县23个乡（镇）建设"四川科技兴村在线"、安排科技特派员、党建帮扶"三站合一"科技驿站等方式，及时收集农业产业科技技术需求。构建旺苍县"互联网+"现代农业科技服务体系，聚集省、

市、县专家"会诊疑难杂症"，解决乡村振兴产业发展信息技术落地中"最后一公里"问题。每年选派省"三区人才"、市级科技特派员等共60余人深入县、乡、村、企业、专合社和种植养殖大户，开展一对一、一对多等形式的农业科技技术服务，**解决了乡村振兴进程中智力保障不足，农村技术人才匮乏的问题。**

三、主要做法

扎实推进科技创新"1+N"重点工作。结合全县"3691"重点工作布局，按照"突出科技创新驱动、夯实科技创新平台、培育科技创新主体、提升科技创新实力、营造科技创新生态"的发展思路，大力提升创新引领、市场竞争、技术支撑、产业持续发展、品牌影响、助农增收"六大能力"。

率先开展局县工作会商制度。为解决科技创新发展的迫切需求，旺苍县与广元市科技局率先探索开展局县会商，充分发挥广元市科技局在科技创新政策、资金、人才、技术等方面优势，上下联动共同提升县域综合创新能力，整合市县科技资源集中力量办大事，为实现旺苍县高质量发展提供强有力的科技支撑。

着力打造科技助力乡村振兴"旺苍新模式"。深入实施创新驱动发展战略，打造科技助力乡村振兴的"旺苍模式"，全力做好"四川科技兴村在线"旺苍平台的提质扩面。

舟山天沐水产科技有限公司

◆

汇聚高科技人才
让"野味"大黄鱼回归中国人的餐桌

一、案例背景

舟山天沐水产科技有限公司自2012年起，与浙江海洋大学国家海洋设施养殖工程技术研究中心实施产学研联合攻关。在国家自然科学基金项目、国家星火计划、浙江省攀登计划、舟山市科技专项科研基金、普陀区渔业产业提升项目科研基金的支持下，突破了"悬链式大型围网工程技术"和"双桩柔性围网工程技术"两项大规模围网成套关键技术，成了舟山市首家规模化散养生态围栏大黄鱼的企业。2016年成功突破散养大黄鱼原位越冬的关键性技术，成了舟山市唯一一家实现大黄鱼原位越冬养殖的企业。

二、解决的主要问题

在开展大型围栏养殖的过程中，舟山天沐水产科技有限公司前期主要将精力投入海域选择方面，既要满足大型围栏基建条件，又要符合高

品质大黄鱼对生态环境的要求。在进行海面基建的过程中，要充分考虑围栏设备抵抗各种恶劣天气和海水腐蚀的问题，同时兼顾围网需要充分的水体和海生物交互等实际情况。公司还积极投入研究大黄鱼跨周期散养的关键技术，实现了越冬养殖，保障了大黄鱼的品质和安全。先后**解决了海域选择要求高、基础建设难度大、越冬技术普及难的问题。**

三、主要做法

大量走访确认硬性基础。通过走访100个岛屿、试养25个选址，重点投放跟踪6个目标，最终开拓性地选择了桃花岛海域。该海域自然生态完好，处于三江入海口，拥有天然饵料和充分的水体交互，水体相对浑浊，正是大黄鱼的喜好环境。同时此海域平均深度20米，最深达到30米，能够克服大黄鱼冬季越冬难题，给突破越冬技术提供了硬性基础。

优化结构防止安全事故。考虑基地建设的稳定和安全性，舟山天沐水产科技有限公司开创性地采用了连岸水泥连体灌注柱桩和钢管柱固定结构技术，网体采用目开孔PET固底形式。最大程度地保障了围栏基建的安全和稳定，经历了几次特大台风均未发生任何损破情况。

模拟海洋生态实现品质超越。为了能够模拟散养海域的原生态生长环境，舟山天沐水产科技有限公司采用目开孔直径较大的网体的设计，让半斤以内的鱼和海生物可以自由进出交互，形成了野生生态环境。这个创新也是散养大黄鱼区别于其他养殖大黄鱼的关键，使其无限接近野生的环境和品质。

浙江省农业农村宣传中心

扎根乡村 投身农业
带动农民的"农创客队伍"

浙江省农业农村宣传中心围绕"未来农业谁来干""未来乡村谁来兴"等突出问题率先在"农创客"培育上发力，造就了一支扎根乡村、投身农业、带动农民的农创客队伍，为乡村振兴提供了强有力的人才支撑。目前，浙江已有超4万名农创客活跃在乡村田野，每名农创客平均

带动农民就业18名，农民人均收入41980元。农创客培育工作多次获省委书记表扬。通过政策引导、平台搭建、资源对接、培训提升、宣传加力等举措，吸引了一大批大学毕业生返乡创业，形成了省、市、县协同推进农创客培育的良好局面。聚焦创业孵化，引导创建有全要素服务能力的农创园。联合有关单位创新推出"农创三宝"——"农创贷""农创担""农创投"，为农创客提供资金支持；定期举办农创客政策发布暨合伙人招募、农村创业创新大赛、万名农创客大培训、农创客集市等活动，不断激发农创客创业创新活力。开展农创客点亮乡村行动、农创客结对百村促振兴奔共富活动等，落地一批共富项目、牵手一批村庄农户，助力乡村振兴，彰显农创担当。预计到2025年，浙江省将培育10万名农创客，带动100万农民增收致富。

◆

"3+N"产业发展服务平台助力乡村振兴

一、案例背景

新型农业经营主体是乡村产业振兴的关键主体，2021年年底，农业农村部与中国邮政集团有限公司、中化集团联合开展深化社企对接，助力新型农业经营主体高质量发展活动。2022年年初，江西省农业农村厅、江西省邮政分公司等联合下发《关于深化社企对接助力新型农业经营主体高质量发展的通知》，共同走访农民

合作社7.43万户，共同培育"中邮惠农"示范农民合作社104家；2022年8月，又联合下发有关文件，打造"金融服务平台＋电商服务平台＋农资农技服务平台＋N种特色产业服务平台"为主的"3+N"乡村产业发展服务体系。

二、解决的主要问题

为巩固脱贫攻坚成果，江西省制订了《"十四五"省定乡村振兴重点帮扶村工作实施方案》，明确提出"至2025年，重点村有一个以上特色产业，有条件的村建成一个电商快递综合站"。从金融、电商、物流、农技服务等方面，助力培育壮大新型农业经营主体和乡村特色产业，促进村级产业提质增效，助力村集体经济增收，**解决了重点帮扶村的现实需求问题，和乡村产业振兴的发展需求问题。**

三、主要做法

以金融赋能破解融资难。为推进金融服务平台建设，江西邮政与邮储银行联合推出"邮政引荐、邮储授信"的服务模式，把重点村纳入邮银共建整村授信、整村开发的农村信用体系建设，批量为重点村信用授信，在贷款准入、利率、期限等方面给予更加优惠和差异化的政策支持。创新信贷产品，将农村会员在邮政的结算流水数据、电商交易数据、物流仓储数据等转化为信用数据，推出商户结算贷、电商快递贷、农资化肥贷、农品收购贷等一批特色产品，主动授信、即申即用、随借随还。

以电商赋能破解销售难。江西邮政有成熟的电商服务平台和专业电商团队，注册打造了"老俵情"助农品牌，打造了100个"中邮农品"基地。对于重点村有一定产业基础、有代表性的农产品，优先授权"老俵情"品牌；对于重点推广农产品，优先提供包装设计、宣传策划等服务，并优先使用邮政渠道、邮乐直播等资源推广；对于重点村合作社，优先考虑在邮乐平台开设店铺运营。

以寄递赋能破解物流难。结合全省县、乡、村三级物流体系，在重点村设立"一村一站、一站多能、多站合一"的邮政综合服务站，叠加政务便民惠民服务、农产品销售、寄递、农资销售等多种服务功能，投递服务和物流运输全部实现汽车化，每周服务频次不少于6天，让村民足不出村享受便捷优质服务。联合中化化肥江西分公司为重点村的新型农业经营主体提供农资直供、科学种植、田间指导等服务，把农资农技送到田间地头。

2022年11月，试点推进第一批41个重点村。短短几个月，为重点村授信3969.6万元，线上放款1792.9万元，实现普惠保险154.93万元，为7000余名城乡居民提供32.31亿余元意外、医疗等风险保障，助力销售农品2088.8万元，开展农技和电商直播培训60多期，培训人次达到2000余人，建立农资试验基地7个、共4600余亩，培育发掘了18个乡村致富带头人。新华社、光明网、江西卫视等多家主流媒体对这一创新做法予以报道。

陕西粮农集团有限责任公司

◆

扩大消费帮扶
深化"龙头企业＋合作社＋农户"流通新模式

一、案例背景

2020 年，陕西省总工会开展"陕西工会百万职工消费帮扶行动"，陕西粮农集团有限责任公司（简称陕西粮农集团）作为省属大型国有粮

农一体化企业，充分发挥龙头企业带动作用，成为消费帮扶行动的平台服务商和产品供应商，通过组建专业运营团队，将生产、消费、流通各环节整合，建立"大企业＋县域小企业（合作社）＋贫困户"的帮扶产品品控和供应链保障机制，实现全省消费帮扶产品一站式聚合，推动帮扶产品品牌化、标准化、规模化，完善市场化运作机制，把好质量关、服务关，探索建立消费帮扶的长效机制。2020年以来，累计服务工会会员300万人次，帮扶中小企业400余家，销售额2亿多，直接带动8万多贫困户实现增收。

二、解决的主要问题

县域帮扶企业基础设施薄弱，品质监管不完善，品牌竞争力差，销售渠道闭塞，商业模式相对不成熟。部分帮扶企业认知不清，企业规模较小，产品可选择性小，质量不过关，价格参差不齐，导致采购单位采购难的情况发生。陕西粮农集团充分发挥国企优势，助力线上线下消费帮扶采购，让农产品有销路、农业有保障、农民有钱挣；拓宽消费帮扶渠道，通过市场手段，形成稳固、安全的农副产品"产业链"和"供应链"，解决了县域帮扶企业参与市场竞争能力弱的问题。

三、主要做法

做好产品整合，提高帮扶产品市场竞争能力。对全省56个国定贫困县800多家帮扶企业（合作社）进行实地考察，整合出10大类2000多款平台帮扶产品。建立采购、品控、包装、配送全流程管控体系，使产品质量更安全、数量有保障、种类更丰富、价格相对优惠，既保障了帮扶企业和农户收益，又确保产品价格低于同类平台及市场价格。

对接建档立卡贫困户，确保精准带贫有保障。建立了"大企业＋县域小企业（合作社）＋贫困户"的帮扶产品品控和供应链保障机制，精准掌握每个帮扶企业（合作社）带贫人数，根据带贫人数设定相应的采购上限，既推动帮扶企业主动增加带贫人数，也让消费帮扶惠及更多帮扶企业，从而实现消费帮扶的精准对接，使建档立卡贫困户有稳定收入，

实现增产增收。

构建专业的服务体系，助力产销高效对接。组建了50人专业电商运营团队，制定高标准工作流程，保障平台日常运营、售后服务、线下推广宣传高效开展。在西安乾龙华南物流园设置了共2万平方米的周转仓，依托自有物流配送体系，与京东物流等大型物流企业建立合作，确保订单产品及时配送到位。

积极探索"互联网＋现代农业"，推动特色农业高质量发展。推动平台升级，打造乡村振兴云平台，重点聚焦陕西农副产品品牌塑造和流通提升，通过政策引领、多维度培训、市场信息与技术扶持，主导共建农产品安全体系，引领发展绿色、有机和地理标志产品，逐步打造一批区域公共品牌和全国名牌农产品。真正实现帮农、兴农、惠民，进一步促进完善工农联盟消费帮扶长效机制，巩固拓展脱贫攻坚成果，助力乡村振兴发展。

平安银行股份有限公司

---◆---

智志双扶
培育"新农人"带动乡邻建设可爱家乡

　　平安银行股份有限公司（简称平安银行）着力打造"智志双扶"模式，培育"新农人"带动乡邻建设可爱家乡。平安银行认真学习党的二十大报告，切实履行全面推进乡村振兴的使命，通过发展产业、带动就业，增加脱贫地区城乡发展活力。从2020年起，平安银行与中国乡村发展基金会合作开展"新农人"计划，优选中西部地区部分致富带头人进行扶智培训和农业产业帮扶，助力建立或规范管理经济合作社，助力脱贫攻坚和乡村振兴。在过去3年里，"新农人"计划在甘肃、陕西等地生根发芽，培育出一批致富带头人，支持他们发挥特长、创建品牌、拓展销路，充分发掘资源禀赋，建设可爱家乡。未来，平安银行将持续支持"新农人"发展，为全面推进乡村振兴、建设农业强国贡献力量。

赤峰乡村振兴学院

根植乡村 服务"三农"
培育乡村振兴引路人、带头人、传承人

      赤峰乡村振兴学院位于内蒙古自治区赤峰市红山区。学院的成立是赤峰市深入贯彻落实中央推进乡村振兴战略、推动农业农村现代化、促进农业强农村美农民富的具体实践，是打造赤峰乡村振兴"样板"的创新之举。学院聚焦"五大振兴"的重点、热点、难点、痛点问题，扎根"三农三牧"，创新支撑乡村振兴的科技服务体系，激发合作效益，构建乡村振兴理论与实践研究的科技转化、人才培养、企业孵化的良性互动机制。赤峰乡村振兴学院始终以培养造就一支懂农业、爱农村、爱农民的"一懂两爱"工作队伍为己任，为推动赤峰市农牧业现代化发展提供智力支持、成果支持、平台支持，为赤峰市全面推进乡村振兴高质量发展贡献力量。

浙江省建德市委人才办、建德市农业农村局

以"引凤还巢"吸引大学生返乡
让乡村"盆景"变"风景"

浙江省建德市委人才办、建德市农业农村局以校地合作打造"农创客"人才队伍助力。"农创客"主要指45周岁以下，拥有高校大专及以上学历，投身农业农村创新创业的乡村人才。聚力破解乡村青年人才从哪引、如何育、怎样留等问题，以校地合作为主抓手，多措并举壮大农创客群体，贯通"引育留"全链条服务，全力打造"全国农创客标杆地"，吸引广大青年返乡就业创业，带领乡村创富、带动村民共富。

做精"靶向式"引才文章。突出情感联结，建立建德籍青年学子信息库，构建"青雁归巢"青年人才服务体系，多层次、高频率加深家乡情怀，吸引大学生返乡创业。

做好"滴灌式"育才文章。深化校地合作，聘请浙江大学专家为"长三角农创客成长营"实验班导师，指导创客品牌打造、市场渠道拓展。组建浙大教授服务团，采用"候鸟行动"等方式提供科技推广、技术支持、项目合作等服务。

做优"嵌入式"留才文章。优化平台搭建，打造"1+N"创客孵化矩阵，联合浙江大学建设科技小院等创新创业载体，在仓储、冷藏、物流上强化要素保障，实现农创客"拎包入驻"。

建德农创客相关做法，获评浙江省共同富裕最佳实践案例。

山东省舜丰生物科技有限公司

◆

人才引领创新 科技造福人类
基因科技为农业产业提质增效

山东舜丰生物科技有限公司（简称舜丰生物），位于山东省济南市高新区。

舜丰生物以乡村振兴战略为指引，以人才技术促进乡村产业振兴。多措并举吸纳国际顶尖科学家团队及海内外合作专家资源，大规模培育科研技术人才和产业人才，承担了10项国家级、省级、市级生物育种重点项目，已经获批专利授权达到46项，辐射带动区域性科普教育、全国性科技合作、中西部产业扶贫合作等有序推进，持续为乡村振兴在科技源头提供创新支撑和社会价值。

在首席专家顾问朱健康院士的引领下，建立起由5位院士领衔，40余位海内外专家助力的基因编辑领军团队。目前人才规模已超260人，打造了一支在乡村振兴产业最前端、高水平、国际化的人才队伍。舜丰生物精准发力，打破国外基因编辑核心技术垄断，成为国内首家拥有原创基因编辑底层专利技术的企业，自主研发了以CRISPR Cas SF01和CRISPR Cas SF02为代表的"基因剪刀"家族，该技术现已实现出口。

舜丰生物围绕高产优质、绿色高效、营养健康、加工专用四大管线，成功创制百余项产品，为下游农产品加工、功能营养食品、农业化工等全产业生态链赋能。

Part 4
文化振兴典型案例

WENHUA ZHENXING DIANXING ANLI

　　挖掘弘扬优秀传统农耕文化，培育文明乡风、良好家风、淳朴民风，在改善农民精神风貌，提高乡村社会文明程度等方面取得显著成效。

中国国际食品及配料博览会、中国国际预制菜产业博览会

搭建国际贸易平台 推动预制菜产业交流
名企荟萃 共创共赢

一、案例背景

2023年3月24日，由农业农村部农业贸易促进中心、中国国际贸促会农业行业分会主办，广东省农业农村厅、广东省东莞市人民政府支持，中国国际食品产业联盟和中国预制菜产业联盟承办的第七届中国国际食品及配料博览会、首届中国国际预制菜产业博览会在广东省东莞市隆重开幕，同期举办首届中国国际预制菜发展论坛。

二、解决的主要问题

据农业贸易促进中心官方微信公众号发布的文章《擘画万亿大市场，

预制菜产业未来可期》显示：共有来自全国31个省份、20多个国家及地区的1000多家企业携万余种商品相聚东莞参展；29个省份农业农村部门的主管领导和200多位市、县政府领导参加预制菜产业发展交流活动；1000多名专业采

购商和优质投资商与企业交流对接，线下参展观展人数达10万余人次；促成数10个项目成功签约，合作意向金额超过200亿元；28个网络平台直播吸引近500万人次线上观展，直播擂台线上观看人次超4000万。本次博览会有效促进了产业链条不完善、农产品产销对接不充分以及预制菜缺乏标准化管理、食品安全监管不足等问题的改善。

三、主要做法

举办预制菜产业高质量发展厅（局）长和市（县）长论坛等活动。地方农业农村部门领导和地方政府领导在厅（局）长和市（县）长论坛上分别就各区域产业特色优势，分享新实践、新经验，共谋预制菜产业健康可持续发展。

举办多场洽谈会活动，促进产销对接。组织1000多家企业和上千名采购商进行洽谈，形成多项签约成果。

举办预制菜产业发展与乡村振兴培训班。邀请权威专家分析、交流优秀企业成功案例，全方位解读预制菜产业的资源禀赋、发展途径、技术趋势，为参与者提供发展思路。

组织策划线下线上活动，推动博览会品牌传播。其中"博览会直播推介活动"直播3小时，共推介30家企业（产品），触达观众202.5万人次；"线上直播探店"活动，充分发挥网络红人、达人在新媒体端的人气效应；"全国预制菜擂台赛"线下竞技，评委专业点评，线上直播让网友身临其境体验预制菜的魅力。

挖掘历史文化 创新文旅经济
保护民居古迹

一、案例背景

在晋商500年的辉煌历史中，泽州商人是一支不容忽视的劲旅。晋城市泽州县大箕镇秋木山庄的王泰来，就是其中的佼佼者。"富可敌国"的王泰来家族，创业于明末，鼎盛于清康雍时期，衰落于清乾隆初期，延续至清嘉庆中晚期，前后100多年。大箕镇人民政府站在传承和弘扬

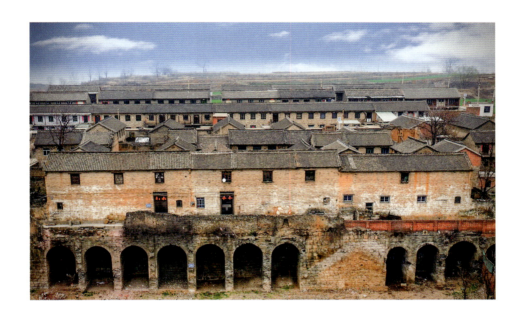

民族文化的高度，一直以高标准、严要求、科学规范化的方式开发利用泰来故居，挖掘其巨大的文化价值、经济价值，通过邀请相关领域专家走进大箕，进行现场查看，通过科学论证，提出合理化建议，同时将调研情况及时上报给上级部门，积极申请政策、资金的扶持。

二、解决的主要问题

大箕镇人民政府深入挖掘"诚实守信、开拓进取、和衷共济、务实经营、经世济民"的泽商精神，把有关王泰来文化的历史记忆、历史信息进行整合、拓展，大力发展以历史人物王泰来为载体的文化产业，将古堡文化、泰来文化、陨石文化和茶马古道形成一个有机的整体。**解决了历史遗迹保存修缮难、文化与旅游协同发展难的问题。**

三、主要做法

近年来，为做好泰来文化的传承和弘扬，大箕镇先后成立了王泰来文化研究会、建成了王泰来文化展馆、修建了占地5600平方米的泰来广场，于2020年在太原成功召开了《泽州巨商王泰来》书籍出版座谈会暨泽州县大箕镇招商引资推介会。2021年，中央电视台《乡约》栏目和农影中心村村播工程运营中心先后走进大箕镇，对泰来文化进行了强势宣传推荐。2022年，文献专题片《泽商王泰来》在山西电视台文体生活频道（公共频道）成功播出。为了做好大箕镇泰来文化的推广工作，先后完成了电影《风雨泰来》和以王泰来为主角的上党梆子戏的剧本编写工作，并在山西省晋商文化基金会的支持下，开展了晋商文化课题研究，目前《泽州巨商王泰来研究》已完成验收，预计2023年完成出版发行。

2016年12月，大箕镇秋木洼村和南沟村被住房和城乡建设部等列入第四批中国传统村落名录。利用国家财政补助资金，两村分别进行了部分基础设施的改造，修复了部分古街、古院、门楼、戏台、古亭，设置了标识标牌。

秋木洼村累计投入360余万元，开展修复和重建工作。南沟村累计投入400余万元，开展修复建设工作。

三门峡户联电子商务有限公司

创"耙池农仓"县域公共品牌
健全农产品产销衔接机制

一、案例背景

三门峡户联电子商务有限公司成立于2017年9月，隶属山东正通集团。依托渑池县当地农特产品优势（渑池县拥有仰韶大杏、坻坞小

米、仰韶柿饼、渑池丹参等地理标志产品），创立了"黾池农仓"县域公共品牌，建立农产品线上销售平台，建立"渑池县户联物流配送分拨中心"及乡（镇）、村物流站点157个、4条物流线路，创立自媒体运营部，负责抖音、快手等平台的运行及后期商户学习自媒体的业务培训，通过线上线下相结合的方式，解决农产品销售中的突出问题，健全农产品产销稳定衔接机制，加快推进农村流通现代化，促进人员就业，增加农村收入。

二、解决的主要问题

在发展"黾池农仓"县域公共品牌过程中，大多数人参与热情不高，看不到发展电子商务带来的巨大商机，认为电子商务投资周期长、风险大、维护难。三门峡户联电子商务有限公司在工作中不断发扬自身优势，用好电商平台，强化电商宣传，完善快递物流体系，组织电商企业参加各类产销对接会，借助直播电商新业态助推农民增收和产业发展，进一步打开农产品销路，助力全县乡村振兴和经济发展。**解决了从业者认知程度低、电商人才缺、农产品上行难等问题。**

三、主要做法

积极强化宣传推介。不断加强农村电子商务的宣传推介，提高企业发展电子商务的积极性，扩大农民参与电子商务的认知度。

着力加强电商培训。进一步加大电商人才培育力度，重点培育懂电商业务、会经营网点、能带头致富的农村电商领军型人才，鼓励大专、中专毕业生、农村返乡青年、种养大户、产业带头人等开办网店、微店，不断壮大电商骨干队伍。

打造特色网销品牌。引进和培育从事网销产品研发、生产加工、包装设计、网络销售的专业化公司，同时积极申请"地标保护""绿色""有机""无公害""名优特新"等产品认证，打造渑池县地域特色品牌，提高网适产品的市场竞争力，以品牌促进农产品供应链优化和结构调整。

完善快递物流体系。进一步整合"四通一达"及邮政快递物流行业资源，规范运行机制，鼓励快递物流企业加强协作，抱团发展，有效打破农村电子商务物流配送到村"最后一公里"的瓶颈。

山西布阿佳文化生态旅游有限公司

◆

打造"康养山西 夏养山西"品牌

一、案例背景

山西布阿佳文化生态旅游有限公司（简称布阿佳公司）打造的平顺太行山国际康养综合示范项目位于平顺县北耽车乡，位处太行山南端，辐射山西、河北、河南3个省。为响应平顺县委、县政府提出的"打造全国一流旅游目的地"战略，布阿佳公司通过配套高端窑洞特色酒店，彰显太行山本土特色；通过建设绿色循环放养牧场、推出深度农耕体验，展现平顺县"八百里太行精髓，休闲避暑目的地"的区域定位。

二、解决的主要问题

布阿佳公司在项目实际运营中，将老化肥厂改造为半山窑洞酒店，主打本地窑洞特色，集住宿、餐饮、康养等功能为一体，可承接高规格大型会议与学术交流；将老荒滩改造为农耕体验与有机种植管理中心，主打回归自然的农耕体验，给游客提供亲水戏水、蔬果采摘的休闲体验；将沾沟打造为精品示范生态牧场，大力发展高品质奶产品供应，着力做好农旅生态牧场示范工程。**解决了旧村改造中"大拆大建"、无法突出本地特色的问题。**

三、主要做法

深入挖掘本土文化特色。布阿佳公司利用太行山罕见的窑洞集群打造高端特色酒店，修旧如旧，让神秘古老的太行山窑洞文化焕发新姿。既体现了黄土高原的文化特色，又融入了劳动人民平凡生活中的烟火气。窑洞群旧址外立面保持了石料原始粗犷的形态，窑洞融于苍山绿树间，把游客从快节奏的城市生活拉到世外桃源般的大自然中。

着重强调农家绿色体验。除窑洞酒店外，项目还配套300余亩绿色生态观光牧场。以参与体验为手段，充分展示绿色种养、循环生态的意义，把太行山黄土高原农耕文化和传统作物、美食等推介给游客。

辅助优化本地经济结构。自项目落地实施以来，拉动了本地农村人口就业，推动农村经济转型和本地人才回归，显著提升了区域经济活力。

浙江乡熙绿建智能制造有限公司

赋能乡村文化 更新数字化建筑体系
提交绿色乡居亮眼答卷

一、案例背景

2022年3月，住房和城乡建设部发布《"十四五"建筑节能与绿色建筑发展规划》，提出要"积极推进钢结构住宅和农房建设"。目前，我国

传统的砖混房屋建造方式污染大、碳排放量高、施工周期长、建房质量参差不齐，已无法适应我国现代化美丽乡村建设发展的需求，急需一种适用于乡村的新型绿色民居住宅建筑解决方案，助力美丽乡村和未来社区建设。

二、解决的主要问题

浙江乡熙绿建智能制造有限公司（简称乡熙绿建）作为国内首家提供乡村民居民宿绿色模块化建筑解决方案的公司，依托乡熙智能制造平台，实现了房屋建造的"标准化设计、模块化建造、装配化施工、一体化装修，点对点售后"。乡熙绿建将清洁能源综合利用、综合节能及绿色环保技术、智慧能源管理系统等融入房屋设计中，用科技赋能现代民居，全方位提升乡村人居的生活品质。**解决了乡村自建房交付周期慢、建筑施工管理困难、建筑质量难以把控、设计不合理、售后运维难等诸多难题。**

三、主要做法

自主研发体系。乡熙绿建研发了"BFD一体化建筑模块"体系，可以实现15天房屋主体建造完成，90天拎包入住，缩短建筑工期半年以上。乡熙"BFD模块结构"的碳排放比砖混现浇结构低34%，模块化的装配可以实现现场干法施工作业，对乡村环境零污染。同时，快速交付也降低了人力成本和时间成本。

建造绿色住宅。乡熙绿建将分布式绿色清洁能源系统与建筑相融合，通过"光建一体化、储能、热泵、能源管理系统"在民居建筑的综合应用，降低房屋的综合能耗，提升房屋的经济利用价值，让人们享受绿色、健康的新型住宅。

湖南省郴州市安仁县文化旅游广电体育局

擦亮安仁"赶分社"非遗名片
带动文旅融合

湖南省郴州市安仁县安仁"赶分社"历史源远流长，文化积淀深厚。相传4700年前，炎常神农带领八随从到古荆州，"尝百草开医药先河"，造福百姓。后唐（923—936年）时，安仁先民在宜阳河与永乐江汇合，彼岸山清水秀、风景优雅的香草坪（今县城处）建有一庙，祭祀神农氏，"择社日祭神以新谷"，"赶分社"自此盛行。"赶分社"是安仁县民众于每年农历春分社日时，例行举办的传统祭神祈谷的盛大节令文化活动。朝拜者络绎不绝，先有捧售香烛、纸钱者，继而交易草药、锄头、斗笠等，规模越来越大，渐渐发展到农副土特产品。来自湖南、湖北等地的药商，齐聚安仁"赶分社"，上市集散草药超过万担。安仁"赶分社"，把传统历法节气和传统民俗节日融为一体，是中国民间传统节日春分节的"活化石"，有重大的历史学、民俗学价值。近年来，安仁县文化旅游广电体育局多次成功举办了节庆活动，擦亮安仁"赶分社"非遗名片，持续扩大安仁"赶分社"知名度，推动当地节庆文化与旅游相结合。

山西潞安府潞绸织造集团股份有限公司

弘扬中华工匠精神
传承潞绸非遗技艺

　　潞绸是山西丝绸业鼎盛时期的代表，2014年潞绸手工织造技艺入选国家级非物质文化遗产。山西潞安府潞绸织造集团股份有限公司位于晋城高平市，初创于1958年，是国家第二个五年计划的重点项目，也是华北地区规模最大的丝绸织造印染企业。该公司年生产丝绸类面料200万米、新娘潞绸被10万套（件），年产值1亿元。该公司以"传承中华优秀婚被文化"为载体，致力于婚被文化挖掘。60余年来，该公司挖掘工匠精神，专注于中国高端真丝婚被的生产研发，不仅在婚被的设计制作上精益求精，还把与婚被相关的一系列婚俗礼仪、习俗进行了深入传承和发扬，并申请了一系列地方标准，使公司在婚被文化的传承中逐步成为行业标杆，为培育优秀家风、乡风、民风做出了显著贡献。

福建省宁德市福鼎市磻溪镇赤溪村

以"闽东精神"谱写"赤溪之光"

　　赤溪村地处福建省宁德市福鼎市磻溪镇。赤溪村始终传承"艰苦奋斗、顽强拼搏、滴水穿石、久久为功"的闽东精神，将闽东精神作为文化核心，以文化振兴促乡村振兴。一方面，重塑传统文化魅力，深入挖掘扶贫、畲族、红色、山海等文化，建成农民书屋、畲族文化公园、新时代文明实践中心，编纂《赤溪村志》，举办"四月四"凤凰节，选举赤溪榜样等，提升公共文化阵地服务能力，形成了乡贤回归及村域在地文化价值转化，走稳共同富裕之路；另一方面，创新特色文化发展，创设"赤溪之光"区域性公共品牌，在清华海峡研究院陪伴式服务协同下，创建了"闽东精神"乡村振兴实践基地，打造"人类减贫计划"中国实践示范点，形成参观调研、干部培训及学生思政课、研学等产业体系。在以"闽东精神"为文化核心的基础上，赤溪村依托白茶产业和生态旅游资源优势，建设集生产、销售、观光、体验为一体的茶叶综合基地，发展食用菌产业，拓宽村民增收渠道，推动村集体经济不断壮大发展。2022年村集体经济收入256.21万元，人均可支配收入34815元，谱写了"赤溪之光"。

重庆市巫山旅游发展集团有限公司

重庆巫山赏李花 春日美景看三峡

重庆市巫山旅游发展集团有限公司依托巫山20万亩集中联片的李花，已连续举办5届长江三峡（巫山）李花节，打造了巫山对外开放与发展的一张亮丽名片，成为拉动区域经济社会高质量发展的重要引擎。李花节以"三峡里的春天"为主题，围绕"一棵树、一树花"，引入"条条大路通巫山"的多元互动概念，结合高铁、飞机、游轮、巴士四大场景，以花为媒、以节会友、以情带客，在巫山高铁站、巫山机场、巫山游客中心、巫峡神女景区分别以最热烈的欢迎仪式，喜迎各方游客。活动期间，公司用心筹划制定了三峡春光李花烂漫之旅、山水光影浪漫之旅、诗词巫山文化之旅等玩趣巫山精品路线。据不完全统计，自李花节举办以来，每年李花节期间到巫山旅游观光的游客稳定在30万人左右，直接和间接带动区域经济效益超5亿元。截至2022年，巫山县脆李种植主体6万余户，规模达30万亩，遍及23个乡（镇）222个村，产量13万吨，产值达到17亿元，带动农民15万余人增收致富，成为名副其实的"金果果"。

中国五矿集团有限公司

聚力十八洞村文旅提升
打造湘西"新时代红色地标"

十八洞村位于湖南省花垣县西南部，因村内有众多天然溶洞而得名，属苗族聚居区，苗族风情浓郁，苗族原生态文化保存完好。2013年11月3日，习近平总书记考察十八洞村，在这里首次提出"精准扶贫"重要论述，作出了"实事求是、因地制宜、分类指导、精准扶贫"的重要指示。

中国五矿集团有限公司深入挖掘十八洞村特点，会同花垣县委共同研究确定了开发十八洞乡村旅游的战略目标，从2020年开始围绕十八洞村红色旅游资源，连续3年无偿援助1300余万元，帮助十八洞村建设旅游栈道、游客服务中心、观景台等硬件配套设施，同时有针对性地开展十八洞猕猴桃集中消费帮扶，助推"矮寨·十八洞·德夯大峡谷"成功晋升国家ＡＡＡＡＡ级景区；助力花垣县打造湘西旅游新地标，实现"一二三"产业融合发展。在中国五矿集团有限公司支持下，十八洞村老百姓的生活也是芝麻开花——节节高。2013年全村人均纯收入1668元，仅为全国平均水平的18.8%。如今，村内的猕猴桃、旅游等产业发展得如火如荼，人均纯收入已跃升至23505元。

Part 5

生态振兴典型案例

SHENGTAI ZHENXING DIANXING ANLI

推进农村绿色发展，保护生态环境，在综合治理突出环境问题以及完善农村生活设施方面取得显著成效。

湖北省来凤县藤茶产业发展局

大山深处的藤叶　成了乡亲致富的金叶

一、案例背景

来凤藤茶，是国内一种对人体具有明显保健功能的特种茶。自乡村振兴战略实施以来，来凤县按照"全国定位、优化布局、培育品牌、打造集群"理念，坚持"公司＋基地＋专业合作社＋农户"的产业化发展

模式，逐步实现了从繁种育苗到野转家栽培、从零星种植到成片发展的转变、从初级加工到提取精深加工延伸，建成了综合效益达10亿元的支柱产业链。来凤藤茶成为来凤县巩固拓展脱贫攻坚成果、同乡村振兴有效衔接的重要抓手。

二、解决的主要问题

积极推广"公司＋基地＋专业合作社＋农户"的发展模式，充分发挥藤茶农业龙头企业、村集体、合作社及家庭农场的带动作用。通过新型经营主体生产经营和村民以"＋土地流转""＋订单""＋产品回收""＋务工""＋保险"等建立利益连接机制，助农增收，为农户种植吃下定心丸，**解决了企业发展过程中与村民连接不深的问题。**

三、主要做法

完善体制机制，推动保障。 加强体制机制建设，确定了以县长为组长的来凤藤茶全产业链领导小组，出台了《来凤县藤茶产业发展全产业链建设实施方案》等系列政策支撑文件，目前已建立藤茶基地8万余亩，绿色食品原料标准化生产基地5.2万亩，有机认证2个，绿色食品30个，获得第二十一届中国绿色食品博览会金奖、第十五届中国国际有机食品博览会金奖。

加强品牌宣传，提升名气。一方面，主流媒体助力打响品牌，近年来，中央级媒体拍摄播出了《越种越有滋味的藤茶》《土家藤茶焕新生》《来凤藤茶出山记》《非茶之茶》来凤藤茶专题纪录片4期，同时持续在中央电视台、湖北电视台、湖北日报等主流媒体和自媒体加以宣传报道，擦亮了来凤藤茶品牌；另一方面，线上线下同发力，拓宽渠道，县委书记、县长等在电商平台相继开展直播带货活动，线下组织辖区企业参加茶博会、农博会、硒博会等展会，鼓励企业到省会城市开设来凤藤茶专营店，加快推进"来凤藤茶"渠道建设。

推动科技赋能，延伸链条。加强和科学院所对接，做好产学研文章，加快推进藤茶副产物研究，研发了藤茶原茶、藤茶食品、藤茶日用品、藤茶化妆品、藤茶保健品、藤茶生物农药、藤茶医药七大系列69个产品，注册食品文号40个。目前建设了袋泡茶GMP车间、黄酮提取车间等现代化设备，开发了藤茶消杀液、藤茶牙膏、藤茶咖啡、藤茶袋泡茶等生产线，逐步完善了藤茶产业的全产业链。

海南农垦白沙茶业股份有限公司

坚守绿色茶产业发展
点绿成金助力生态振兴

一、案例背景

海南农垦白沙茶业股份有限公司（简称白沙茶业公司），是海南农垦热作产业集团有限公司旗下子公司，是海南省"质量信得过企业"、海南省扶贫龙头企业、海南省农业产业化龙头企业、中国茶叶行业百强企

业。海垦白沙绿茶先后获得国家地理标志保护产品称号、绿色食品、海南省名牌产品、海南省著名商标、全球良好农业规范认证（G.A.P）等称号。如今，海垦白沙绿茶已发展成为促进农业增效、农民增收、财政增税的高效产业。

二、解决的主要问题

白沙茶业公司充分发挥国企高组织化的优势，以"产业生态化、生态产业化"为指引，依托良好的白沙绿茶产业发展基础和优美的自然生态环境，积极推动绿色低碳发展，助推乡村振兴。解决了茶行业部分中小作坊过度追求茶叶产量、过度使用化学药剂造成茶叶农残的问题。

三、主要做法

全面规范操作流程。 白沙茶业公司从种植地域选择、种植品种选育、茶园管理、茶叶采摘、茶叶加工到产品质量、产品储运各环节，都坚持执行绿色茶园管理标准。白沙茶业公司给茶农统一发放肥料，重施农家

肥有机肥，严禁喷洒农药，并将茶青质量与职工收入直接挂钩，取得了良好的效果，实现了茶园环境优化、绿色高效施肥、病虫害绿色防控等绿色茶园管理的专业化。

大力践行环保理念。对厂房进行升级改造，把设备燃烧原料从煤、柴改为天然气，有效减少二氧化碳等固体排放物，为打赢蓝天保卫战贡献企业力量。2022年通过对供应链的全环节管理，降低了产品在生产、物流、包装、消费等过程中的温室气体排放量，有效降低了产品碳足迹；同时，通过对茶园的改造，促进茶树自身碳汇增量，实现了茶叶全生命周期"净零"排放，并获得了碳中和证书，成为全国首家实现碳中和生产的茶叶品牌企业。

积极推动茶旅融合发展。白沙茶业公司与白沙县政府共同打造"茶园小镇"，在擦亮海南自由贸易港的"生态文明底色"的同时，促进周边农民增收，也带动了附近农家乐等经济发展，以特色产业兴业致富。目前，白沙茶叶生产基地已经成为白沙县的"网红"旅游地，有力助推了当地乡村振兴事业的蓬勃发展，与当地人民携手实现了共同富裕。

青海省海北藏族自治州刚察县

充分发挥特殊生态资源禀赋
全力打造生态保护"刚察样板"

一、案例背景

刚察县北靠祁连山、南依青海湖，地理位置特殊，生态责任重大，通过科学合理的发展路径、行之有效的方法举措，扎扎实实推进生态保护工作，以最大的决心，持之以恒的坚持和勇气，深入践行"绿水青山就是金山银山"理念，实现良好生态让农牧民群众早受益，为乡村振兴赋能助力。

二、解决的主要问题

刚察县木里矿区生态环境综合治理遵循"山水林田湖草"生命共同体以及因地制宜、安全稳定、经济高效的治理理念，采取"渣山削坡整形＋采坑回填缓坡＋岩壁整治＋地形地貌重塑＋土壤重构与种草复绿"的采坑和渣山一体化治理模式进行整治。投入资金2.125亿元，完成采坑回填86100立方米、平整刷坡86110.97立方米，种草复绿面积1901.37亩，**解决了生态环境整治过程中高原高寒地区矿山生态修复治理的难题**。

三、主要做法

扎实推进生态整治及修复治理试点工程。刚察县认真践行"两山"

理论，深入贯彻落实习近平总书记关于"三农"工作的重要论述，认真践行习近平生态文明思想，不断完善体制机制，以生态振兴巩固拓展脱贫攻坚成果同乡村振兴有效衔接，扎实推进祁连山南麓刚察片区生态环境整治和"山水林田湖草沙冰"生态修复治理试点工程，"江仓一号井"治理模式成为高原高寒地区矿山生态修复治理的"刚察样板"。

全面启动国家生态文明示范区创建。积极开展生态环境综合整治，稳步推进城乡垃圾分类、"厕所革命"等工作。全县生态文明建设取得显著成效，全县空气质量优良率达98.9%，重点河流断面水质优于Ⅱ类比例达100%；森林覆盖率达到4.5%，草原综合植被覆盖度达到70.63%，湿地资源总面积28万公顷；城镇污水处理率达93.8%，垃圾处理率达99.8%。

全面实施生物多样性保护生态重点工程。封湖育鱼，统筹推进仙女湾湿地生态教育基地建设，青海湖水体面积达到4625.6平方千米，水鸟种类达97种；裸鲤资源蕴藏量达11.41万吨，较保护初期增长了44倍；县境内普氏原羚种群数量由特护区成立之初的300余只增加至目前的2900余只。

吉林省安图县

长白山下第一县 生态原产地品牌示范区
以水为脉 擦亮生态品牌

一、案例背景

吉林省安图县的天然矿泉水储量巨大，水质优良，类型多样，环境完好，有"长白山大型天然矿泉水基地"和"中国矿泉水之乡"之称。为加强安图县矿泉水资源的保护、开发与管理，2012年，吉林省政府正式批复了总面积193.45平方千米的吉林长白山天然矿泉水安图饮用水水源保护区（2019年调整为205.08平方千米）；2013年，吉林省政府批准成立了副县级建制的安图县长白山天然矿泉水保护区管理局；2014年，安图县政府筹建了规划用地9.52平方千米的安图县长白山天然矿泉水产业园区。

二、解决的主要问题

坚持保护为先，在全国率先报请延边朝鲜自治州人民代表大会审批出台《延边朝鲜族自治州天然矿泉水水源环境保护条例》，实现了矿泉水水源环境保护有法可依。科学划定一、二级水源保护区和准保护区，明确重点保护区域，严格执行各级保护区及准保护区准入标准，依法严格保护管理。将水源环境保护工作纳入安图县国民经济和社会发展规划，并将保护工作经费列入政府财政预算，专款专用。**解决了如何依法保护矿泉水水源地，让科学开发与管理取得实效的问题。**

三、主要做法

加强动态监测。设置一级保护区围栏16000延长米，界碑730个，界牌322个，大型户外公益广告牌9处。在矿泉水企业水源地和厂区安装监控设备，进行动态监测，确保源头环境无污染。为保证上下游生态环境不受破坏，严格按照吉林省政府编制的《长白山区域矿泉水资源保护与开发利用规划》要求，明确规定落户企业生产过程中日开采量必须为日涌量的70%以下。在泉眼开发利用上，对于日涌量低于1100吨的泉眼，不予招商，全部自然溢流。启动了总投资1000万元的矿泉水大数据平台项目，计划在保护区内安装动态视频监控以及水量、水位、矿物质分析仪等动态监测设备，与企业设备联网，实现全天候、全方位、全覆盖监测。目前，已完成项目立项，正在进行初步设计和评审。

加大巡检力度。加强水源地巡护和检查，每年组织白河林业局、环保局、市场监督管理局、水利局进行专项检查，发现问题立整立改。加大与国家矿泉水检测中心的合作，每年对水源水进行全覆盖检测，对流量进行抽测，以大数据对水质和流量进行动态掌控。

加快管网闭环管理。2015年7月9日，安图县政府与长白山保护开发区池北区管理委员会签订《安图县矿泉水产业园区污水管网接入协议》，约定安图矿泉水产业园区污水管网接入池北区城市污水管网。2017年4月19日，安图矿泉水产业园区污水管网项目开工建设。2019年12月，池北区污水泵房建设完工，矿泉水园区管网正式并入。共计投资2600余万元，建设大小泵房两座，污水管网7401米。目前，园区中心区共有6户企业，全部接入污水管网，实现闭环管理。

开展生态资源收储运营
生态修复"两山"转化系列工作

一、案例背景

　　浙江省常山县石灰石储量居全省首位，钙产业一度是常山支柱产业之一。面对日益加重的生态环境问题，常山县以推进全域土地综合整治为抓手，以系统治理和绿色发展为目标，授权县属国有企业农投集团成

立常山"两山合作社"，以常山县生态资源经营管理有限公司为实施主体，开展生态资源收储运营、生态修复等"两山"转化系列工作，充分发挥生态资源储蓄功能，对常山县辉埠镇后社片区污染矿地收储后进行整治修复，着力打造矿山遗址公园（田园综合体），依托修复后的自然生态系统等，让昔日1800亩矿坑废墟转变为矿山遗址公园。

二、解决的主要问题

常山县辉埠镇矿山多年来粗放的开发方式和低散乱企业的运营，使山体满目疮痍。钙产业已成为当地高质量发展的"疥疮之患"，使当地植被和水系遭到严重破坏，周边尘土飞扬，居民长年不敢开窗。辉埠镇因环境污染被称为"灰埠""灰色地带"。在后社片区的祥合矿随着矿山被挖，周遭的植被、水系被破坏，最后留下了一个个满目疮痍的矿坑。**重点解决的问题就是，如何对污染矿地进行整治修复变废为宝。**

三、主要做法

全面开展生态整治及修复工程。实施土地综合利用，搬迁辉埠镇夏家自然村90户，对祥和矿剩余矿石储量2100万吨进行统筹综合开发利用，总面积570亩。实施易地搬迁工程，搬迁后原址复垦新增耕地58亩。实施环境提升工程，已关停轻钙企业16家、石灰钙加工生产线201条、石灰窑89孔，腾出用能53万吨标煤。对废弃矿山生态环境进行综合整治修复，治理面积42亩，边坡复绿40.5亩，消除矿区宕面边坡的地质灾害隐患。实施农田建设工程，对区块进行全面规划、综合治理，开展种植土回填、建设用地复垦，配套建设农田水利设施，增强灌排功能，提高耕地质量，垦造改造水田等各类耕地近2000亩。

全力聚合各类要素，保障生态产业发展。发挥低效用地再开发、城乡建设用地增减挂钩等政策优势，整合各类资金近10亿元，带动社会资本近3亿元，打造民宿、旅游等产业业态，形成了多模式、多元化、可持续的资金投入机制，推动生态产业发展。

加快文旅产业发展，提升文化软实力。"两山合作社"积极探索生态产品价值实现模式，依托修复后的自然生态系统和地形地势，打造不同形态的文化旅游产品，将生态修复治理与文化旅游产业相融合，改善了人居环境，提升了优质生态产品的供给能力，以实际行动践行"两山"理念，有效推动山青水绿、生态宜居的美丽乡村建设。

重庆成瑜忠义实业有限公司

◆

用农业科技打造"人畜更健康 人畜不争粮"特色种养循环工程

一、案例背景

重庆市团丰村地处长江中上游，具有土地肥沃无污染的先天优势，品牌米、功能米、低糖米是企业的发展方向。重庆成瑜忠义实业有限公司致力于创新研发低糖大米分配模式，打破传统合作方式，依托国内优质科研资源，重点进行科技成果转化，实现延伸稻和草产业链，打造全球生态食品原材料供应商。目前，重庆成瑜忠义实业有限公司在海南、广西、重庆、河南等地已成功种植低糖大米，且效果显著。

二、解决的主要问题

团丰低糖稻含糖量仅 0.5%（普通大米含糖量 6%～16%），富含硒元素、维生素 E 及 16 种氨基酸和钙、铁、锌等微量元素，糖尿病人可正常食用。团丰粮草能解决人畜争粮，改善水土流失；其适应性广，抗逆性强，可种植在荒土荒坡，修复改善土壤的同时可进行光合作用，践行低碳经济；在种植过程中不喷洒任何农药，所含植物蛋白可达到 18% 左右，可制作优质青贮复合饲料，可替代传统饲料中 70% 的粮食添加物，降低饲料成本；用团丰粮草所饲喂的畜禽是天然健康的绿色生态食品，畜禽所产生的粪便无臭味，可直接作为各种农作物的生态有机肥。**解决了如何将科技育种成果成功转化、优良品种跨区域种植、实现延伸稻和草产业链的问题**。

江苏南京禄口基地

三、主要做法

潜心研发，培育新品种。团丰低糖稻和团丰粮草是由重庆成瑜忠义实业有限公司核心专家团队经过 20 多年的潜心研发，特别是近年开展"院企合作"后，科研团队（专家组）利用水稻与玉米属间远缘杂交、基因优选等技术，精心选育、培育出了品质更加稳定且具有高产、低糖、富硒、抗倒伏极强等优势的团丰玉米稻系列新品种，目前已成功在多个省份开展大田试种实现量产。

自主创新，育种新突破。团丰粮草是历时近 10 年，集众多科研人员之大成，采用非转基因和现代生物科技综合研发而成，融合了皇竹草、巨菌草、红象草、狼尾巴草、甘蔗、芦苇 6 种植物的基因，在全国试种成功。团丰粮草具有"四高一低"的特点，即高产值、高品质、高安全、高效益，低成本，适合大规模种植推广。

中国保利集团有限公司

创办"保利星火班"
培育乡村人才 带动农产品增收

中国保利集团有限公司的星火计划是保利集团积极践行脱贫攻坚和乡村振兴战略，履行企业责任担当的重点帮扶工程。从2018年9月起，该项目由所属保利物业公司承办，以创办"保利星火班"形式，精准面向建档立卡家庭子女，通过"4+2"（即4个月在校技能培训＋2个月岗位实习）培训实习，授其技、树其人、立其业，实现"培训一人、就业一个、帮扶一家"的精准帮扶目标。保利星火班迄今已成功举办7期，累计投入资金近2000万元，为511位建档立卡家庭子女提供就业岗位，带动511户家庭脱贫增收。

海南花梨谷文化旅游区

◆

万亩海南黄花梨
生态振兴新样板 让绿水青山成为百姓靠山

  海南花梨谷文化旅游发展有限公司（简称花梨谷公司）位于海南省东方市板桥镇。花梨谷公司主要以农林牧种养殖及销售，农副产品加工，温泉开发、疗养，住宿餐饮，农业旅游开发为主。花梨谷公司着力打造国家ＡＡＡＡ级景区海南花梨谷文化旅游区，占地1.2万亩，核心区被尖峰岭余脉三面环抱，山水林泉兼具，以花梨元素为主题，遍植海南黄花梨树，拥有万亩花梨林、百万株花梨树，树龄最大者18年，温泉储量丰富。景区将黄花梨文化融入其中，通过创新"林业＋旅游融合"发展模式，全面打造以森林康养、温泉度假为主的旅游度假新业态；秉持让良好环境成为人民生活质量增长点的宗旨，让"绿水青山"变为人民的"金山银山"，在发展旅游业的同时带动了不少当地农民就业增收，以产业兴旺助力乡村振兴。

地标农业科技（恩施州）有限公司

中微量元素肥
还土壤健康 还粮食安全

　　地标农业科技（恩施州）有限公司位于湖北省利川市东城街道办事处经济开发区，是一家集研发、生产、销售为一体的高科技肥料提供商。现阶段主要专注于小分子纳米硅钛肥的生产与销售，并逐步拓展有机生物菌肥、农业技术、农业种植、农业深加工和农产品贸易等领域，加速研发和试验小分子纳米硅钛肥、土壤改良剂、降解地膜、生态生物除草剂、高效生态抑菌剂、植保无人机等项目，立志打造一个全新的绿色农业产业生态圈。目前该公司在全国的标准示范基地达数百个，销售网络和技术支持团队覆盖全国各个地区。其产品小分子纳米硅钛肥荣获欧盟CE认证，施用本产品的农业物出品也达到欧盟标准，是一款真正绿色环保的高级全效植物生长调节中量元素肥，致力为发展绿色生态农业贡献力量。

兰州鑫源现代农业科技开发有限公司

◆

白羊黑菌铺就脱贫致富路
有机果蔬倡导健康新理念

兰州鑫源现代农业科技开发有限公司（简称鑫源公司）位于甘肃省兰州市红古区。

鑫源公司先后投资4.8亿元，在兰州、临夏、定西等地成立4家专项扶贫企业，带头参与"千企帮千村"精准扶贫行动和"万企兴万村"行动，成功探索出农业产业带动精准扶贫的发展模式；以工业反哺农业，通过"龙头企业＋乡镇＋行政村＋合作社＋农户"的发展模式，形成了以肉羊养殖、食用菌生产加工、有机果蔬、花卉种植培育等为主的特色农业。2016年荣获全国巾帼农业示范基地，2018年获得全国"万企帮万村"精准扶贫行动先进民营企业，2021年获农业产业化国家重点龙头企业等荣誉称号。鑫源公司以白羊黑菌铺就脱贫致富路，以有机果蔬倡导健康新理念，做大做强特色产业，向规模化、现代化、集约化发展，通过种养结合，不断延链补链强链，增加农民收入，提高农民生产积极性，保障农民可持续增产增收，为乡村振兴贡献自己的力量。

Part 6

组织振兴典型案例

ZUZHI ZHENXING DIANXING ANLI

充分发挥乡村党组织和各类组织作用，在深化村民自治实践和现代乡村社会治理方面取得突出成效。

北京市朝阳区高碑店乡半壁店村

<hr>

强化组织振兴
打造距离天安门最近的美丽乡村

一、案例背景

北京市朝阳区高碑店乡半壁店村（简称半壁店村）下辖5个自然村，村域面积3.63平方千米，户籍人口2539户5087人。半壁店村通过换届选举配强配优了"两委"班子，实现了学历、年龄的一升一降，班子的领导力、执行力和战斗力显著增强，通过强化组织建设，打造出一支素

质高、能力强、能打硬仗、能打胜仗的班子队伍，紧抓乡村振兴战略机遇，把半壁店村倾力打造成为距天安门最近的美丽乡村。

二、解决的主要问题

按照2000年高碑店乡控制性详细规划，半壁店村产业用地仅为7.14公顷，村庄没有详细规划；2006年前，全村以出租土地作为集体经济主要来源，所辖5个自然村发展极不均衡。特别是西店村以及广渠路沿线的半壁店、小郊亭和方家村，由于历史原因，始终未实施拆迁，环境脏乱，征地范围内的村民未能进行妥善安置，市政基础设施薄弱、公共配套不完善，致使村民居住生活条件恶劣，村民集体访、越级访达30余次，被列为北京市维稳一号工程。**重点解决了环境整治，村民妥善安置，自然村发展极不均衡的问题。**

三、主要做法

突出旧村改造，实现美丽蝶变。半壁店村党总支通过党建引领，规划先行，信访代理，争取利好政策，对重点自然村启动改造工程。2011年4月，西店村启动重点村改造，仅用2年时间，建成明清仿古式民宅回迁房。2016年，水南庄村参照西店模式进行新农村建设，成为又一环境美、生态优、产业兴、人气旺、民风淳的新村。2018年11月，启动广渠路沿线3个老旧村庄的周转腾退，拆除宅基地705个院落、拆除非宅44处6.24万平方米，为广渠路沿线绿化景观廊道提供了738亩集体土地（49.2公顷）。2022年1月，完成广渠路沿线3个村新农村民宅回迁房主体交付工作，2023年广渠路沿线村民陆续回迁。经过12年的不懈努力，半壁店村下辖5个自然村通过美丽乡村建设彻底解决了百姓的宜居问题，惠及5000余人。

突出园区升级，实现高质量发展。按照中央、市、区、乡发展要求，半壁店村进行产业升级，实施"腾笼换鸟"战略，陆续腾退村域"三低、四小、七无、散乱污"企业287家，拆除房屋建筑面积115万平方米。历时17年，先后打造通惠河畔、西店记忆等各有特色的六大文创产业园区，其中5家市级文化产业园、2家区级示范园区。现入驻企业800余家，吸纳就业群体2.3万人，年产值约220亿元。

突出生态建设，擦亮生态名片。半壁店村深入贯彻落实"两山"理论，与北京排水集团合作，打造亚洲最大的再生水湿地公园——通惠河畔·水谷湿地公园。后续将推动多项水生态技术的应用与展示，实现集景观、生态、科技、体验多元于一体的城市公共区域，公园内休闲栈道、慢跑道等设施，为辖区村民休闲、娱乐提供绿色平台。

◆

万亩西瓜棚 铺就群众共同致富路

一、案例背景

山东省聊城市高新技术产业开发区许营镇（简称许营镇）是远近闻名的"西瓜之乡"，西瓜种植历史超过400年。

近年来，许营镇紧抓国家乡村振兴战略重大机遇，充分挖掘区域特色资源优势，在发展西瓜"甜蜜经济"上做足文章，让新品种、新技术更加突出；同时，高擎"许营西瓜"这一国家地理标志"金字招牌"，以瓜为媒、以节会友，形成推动西瓜产业向高端、精致路线迈进的"许营模式"，相关经验做法得到《人民日报》头版多次报道。

二、解决的主要问题

通过搭新棚、引新种、谋新策，蹚出西瓜产业现代化"新路径"；通过大力发

展农村电商，让优质产品搭上"数字快车"走俏全国市场；通过实施品牌战略，持续擦亮"许营西瓜"国家地理标志与"许营好品"区域公共品牌，精准化、智慧化推行西瓜质量溯源体系，严格把好西瓜"品控关"，不断提高产品知名度和美誉度。解决了如何让地方特色农产品"种""销""品"高质量发展的问题。

三、主要做法

铺就"科技兴农"共富路。与北京农林科学院、山东省农科院等建立长效协作机制，构建现代农业技术支撑体系；建设新品种推广基地，引进"京颖""京彩"等26个礼品瓜新品种，有效提升西瓜产量与品质；大力推广"拱棚立体化"吊蔓种植，西瓜每亩定植量由800棵增至2000棵；上市时间提前至3月底，实现"错位"销售，抢占市场先机，亩均效益由1万元提升至4万元，种植效益翻了两番。

跑出"电商兴农"加速度。统筹辖区直播基地资源，实施"三农"主播种子计划，举办"指尖新农"培训班，多方位培育直播人才；依托区内电商产业园，为带货主播提供优质货源；建立乡村振兴电商直播矩阵，引导本地万余名农民和近百家农企通过直播平台为家乡好品"代言"，让"白天种棚、晚上直播"成为乡村振兴新常态，助力"许营种""许营产"声名远播。

奏响"品牌兴农"奋进曲。打造"许营好品"区域公共品牌，推动"许营西瓜"国家地理标志与一、二、三产业深度融合；建立"许营好品"展销中心，为全区农户提供从选品收购到物流运输等"一条龙"服务；精准化、智慧化推行质量溯源体系，推进"许营好品"生产标准化、监管智能化、特征标识化、产品身份化，实现高端产品优质优价，保障百姓"舌尖上的安全"。

河北省清河县委组织部

走访调研 考核排名 培训比武
推进双促双提的"清河实践"

一、案例背景

在全面深入推进乡村振兴的战略背景下，农村基层党建工作能否适应新形势、充分发挥引领带动作用，已成为一道必答题。改革开放以来，清河县工业经济和城市建设发展迅猛，曾被誉为"北方小温州"，但是在农业农村建设方面一直是个短板，存在农村基层党组织堡垒不强的问题，虽然近几年不断加强基层党建工作力度，持续规范提升，问题仍然突出。

二、解决的主要问题

2022年以来，清河县委组织部以"乡村振兴、组织先行"的理念，坚持把推进组织振兴作为突破点，靶向施策、破题开局，夯基固本、提档升级，有效解决了农村基层组织战斗堡垒作用不强、党建与发展融合不够、党建引领乡村振兴成效不明显等问题，为推动乡村全面振兴提供了坚强的组织保证。

三、主要做法

基层一线大调研，明确职责任务定方向定目标。建立大走访大调研机制，2022年5—7月，县委常委、组织部长亲自带队，全县6镇322个村村村到，322个村党支部书记人人谈，摸清了底数、发现了问题、明确了方向。制定"8+1"工作指标，围绕基层党建、产业发展、美丽乡村、精神文明等8个方面和上级临时交办的重点工作，明确县、镇、村各级部门干部的职责任务。把各级职责串成一条线，把多方力量拧成一股绳，6镇纷纷创建"党建+"品牌，"一镇一品"，扎实推进。

用好考核指挥棒，激发基层组织内生力创造力。创新推行村级大考核大排名机制，322个村同台竞技，一月一调度、一季一排名、一年一表彰，有效激发了镇村比学赶超、创先争优的劲头和活力。目前已评选出30个2022年度大考核大排名先进村；对后30名的分别予以降星、诫勉、调整等惩戒措施，切实做到干好干坏不一样、干多干少不一样。

抓好教育大培训，促进农村干部提能力强素质。探索实施"导师帮带制"，择优聘请优秀村党支部书记为乡村振兴导师，创建8个教学实践基地，大力推广"土地流转·集体经营"模式，现场讲学、手把手教。依托县镇村三级智慧党建平台，开办"乡村振兴夜校"，邀请省市专家和部门骨干，为全县农村干部在线"充电"，目前已开展教育培训9期。实施村干部学历教育提升专项行动，联合县职教中心、国家开放大学，引导村干部提升学历和能力。建设"乡村振兴人才驿站"，每年进行直播带货培训、特色种植技能培训5000余人次，增强党员和新农民发展新产业的本领，着力打造一支有本事、能干事、干成事的乡村振兴干部人才队伍。

内蒙古自治区固阳县

打造区域公共品牌"41度固阳献"
展现品牌愿景

一、案例背景

内蒙古自治区固阳县位于北纬41°黄金纬度带，依山傍水，景秀山明，独特的自然条件孕育了独特的农业物产：黄芪、莜麦、荞麦、莜面、荞面、红皮小麦面、菜籽油和胡麻油并称为"固阳八宝"，都获得了农产品地理标志产品认证。

二、解决的主要问题

让固阳县的优质农产品在区域公用品牌的加持下，成为助力乡村振兴的金钥匙。固阳县积极打造区域公用品牌"41度固阳献"，制定产品营销策略和品牌传播策略，打造"世界黄金纬度，中国固阳好物"的品牌口号，提出"来自固阳，献给世界"的品牌愿景，形成固阳县农产品品牌发展顶层设计方案，以固阳县黄芪为切入点，借助区域公用品牌的力量抱团出行，共同打造固阳县精品农业、文化旅游，为固阳县域经济的发展和乡村振兴战略的实施提供强大助力。**解决了如何使优质农产品摆脱单打独斗局面，形成合力，打造精品农业产业的问题。**

三、主要做法

强化特色品牌建设。为进一步推动区域公用品牌带动全产业链转型提档升级，形成固阳县农业产业特色，优化农业品牌创建环境。固阳县在积极开展地理标志证明商标申报注册的同时，更重视对已取得商标证书的区域公用品牌的管理和使用、标准和规范、推广和保护。让农产品的品牌建设，成为促进企业发展、助力乡村振兴的金钥匙。

强化精品品牌打造。通过"北纬41度固阳献"区域公用品牌带动本土农副产品企业销售，有效提升产品溢价空间。以生态精品为品牌战略，严格质量管理，政府品牌背书，让老百姓的农产品产得出、卖得好、有收益，真正实现区域公用品牌促农增收，为助力乡村振兴夯实品牌基础，增添内生动力。

强化品牌带动效能。持续加大对"北纬41度固阳献"公用品牌的宣荐和打造，擦亮叫响41度公用品牌，提升品牌价值。采取发力线上、建设线下方式着力打造区域公用品牌，以区域品牌为依托带领授权企业逐步走向品牌化，带动其他农特产品企业及文旅企业向规范化迈进，利用电商直播、新零售等各种方式，实现产品和项目的精准对接，让固阳优质产品更好地向全国各地销售。

浙江省龙港市华中社区

党建引领解锁乡村振兴"幸福密码"

一、案例背景

近年来，浙江省龙港市华中社区坚持党建引领与乡村振兴融合发展，以实施土地综合整治、宅基地改革为牵引，全面带动集体增富、企业增效、农户增收，2022年，华中社区集体经济收入305万元，其中经营性收入65万元，农村经济总收入年递增10%以上，社区荣获了全国民主法治示范村、省先进基层党组织村、省级未来乡村和AAA级景区村庄等称号。

二、解决的主要问题

华中社区由原鉴后西、鉴后东2个行政村合并而成，尤其是"两委"换届实行"一肩挑"后摊子铺大，事情繁杂，支部的凝聚力、号召力和战斗力有待加强，在支部班子和党员队伍建设上发出了新挑战。

华中社区青壮年劳动力流失多，引进技术和留住人才难，且原有的产业发展带动不大，后续发展乏力，少数村干部在农业转产、产业更新上下功夫不多。

部分群众对社区的发展存在观望心理，有"等靠要"思想，社区基础设施不完善，公益事业难办，对党员干部服务群众能力提出了新要求。**重点解决了村社优化后合力不足、壮大集体经济上活力不足、实现有效治理上发力不准的问题。**

三、主要做法

党建引领画好"同心圆"，让穷村变富村。推行"党支部＋合作社＋企业""党员＋乡贤＋村民"等机制，带动社区、企业、村民抱团致富。先后发动乡贤、企业捐资6000多万元，建设农业生态园、亲子乐园、驾校等6个项目，从2018年的空壳村发展成为集体经济年收入超300万元的富裕村。

整合资源念活"土地经"，让社区变景区。 充分发挥党组织优势，引导群众大力开展宅基地改革，将闲置宅基地打造成为特色水街、民国风情街、江南小院民宿；引进浙江省农科院、四维生态科技有限公司等技术人才团队20余人，发展生态循环农业；打造数智化蔬菜瓜果育苗基地，成为现代青年农业创业示范基地和学生研学和劳动实践基地；创成浙江省AAA级景区村庄，每年接待游客50万人、收入超亿元，带动农户就业120余人。

以人为本打通"幸福路"，让农民变市民。 坚持以人民为中心，打好惠民"组合拳"。通过全域土地整治、民房盘活、流转土地等，每户财产性收入增加50万元、年房租收益2万元、每亩土地年租金1000元。率全国之先实施农民公积金保障制度，让400余户农民实现"安居梦"。开展党建引领"共享社·幸福里"创建，建设文化礼堂、老年食堂、老年学堂、托幼服务中心、居家照料中心、全民体育中心等民生项目，让老百姓在家门口遇见幸福生活。

重庆市酉阳土家族苗族自治县花田乡何家岩村

建立共富机制 带动村集体收入翻两番

一、案例背景

何家岩村位于重庆市酉阳土家族苗族自治县花田乡。2021年下半年开始，酉阳县委、县政府与腾讯公司、中国农业大学合作，以花田乡何家岩村为核心示范区，通过共富乡村建设的机制、人才、数字化三个模块系统化推进，助力乡村共富发展。2022年，何家岩村村集体经济收入达479万元，比2021年翻两番，人均可支配收入1.83万元、增长26%。

二、解决的主要问题

重庆市酉阳花田乡何家岩村有鲜明的"绿水青山"特征，文旅资源和农产品产业资源丰富，发展优势吸引各界关注，但集体

经济薄弱，未形成推动乡村振兴和共同富裕的、以农民为主体参与共富发展的组织机制和新业态。**重点解决了如何通过有效的组织机制设计使大多数农户受益、推动集体经济发展的问题。**

三、主要做法

发挥基层支部战斗堡垒作用。坚持"政府主导、农民主体、社会共创、腾讯助力"原则，在政府和乡村党组织主导下，党建引领，多方共创，创新乡村振兴共创组织模式。组建由县委、乡党委、村支部组成的地方专班，负责项目统筹和协调。凝聚社会力量助力乡村振兴，由酉阳、腾讯公司、中国农业大学三方团队组建项目专班，党建引领下，形成"政府—高校—企业"分工协作的共创组织模式。

强化农民群众主体支撑作用。带动村民致富，捋顺利益机制，坚持集体搭台，农民主体，搭建有效利益联结的共富发展组织。建立农民主导的共富合作社，确保农民和集体的经济利益，鼓励农民以房屋、传统技艺等入股参与发展。合作社留取少部分收入用于共富发展的公共服务，利益最大化归于农民、村集体。

激发本土人才经营保障作用。调动村民积极性，提高专业能力，坚持乡村CEO培养，持续经营，创新乡村经营组织。项目中，坚持乡村CEO人才培养同步进行，吸纳本村村民特别是青年人才参与共富乡村建设。何家岩已培养乡村CEO团队7人，并培养各类专业技能人才50余人。他们与基层党组织、村集体组织互相配合，共同致力于村庄共富发展，提升本村经济水平，形成可持续发展模式。

落实科技助力数字赋能作用。借助乡村数字化产品矩阵，塑造村庄数字化场景，有效加速何家岩与城市之间的连接，带动村集体数字经济的增长，助力乡村经济组织发展。这是一条凝练为"引流—变现—可持续"的数字工具路径：通过微信公众号、视频号等村庄内容运营工具打造乡村品牌影响力以引流；通过村庄云服务小程序、智慧导览地图、微信小商店等数字工具助力乡村运营管理，更好对接市场以变现；通过企业微信、微信私域运营等方式助力客群关系维护以可持续。

中国太平保险集团有限责任公司

援建党校 捐赠帮扶 志愿助农
绘就现代化乡村新画卷

　　中国太平保险集团有限公司，以内蒙古分公司为代表，积极助力乡村振兴。中国太平保险集团有限责任公司内蒙古分公司在内蒙古自治区通辽市科奈曼旗土城子乡援建党校、捐赠帮扶、志愿助农。2022年4月20日，土城子党校揭牌，公司援建装修，全面提升党校硬件设备，帮助建强党员干部培训教育阵地，为加强乡镇干部党性修养创造便利条件。同时，内蒙古分公司为土城子乡建设恒温库，极大地解决了农产品受价格影响出现的滞销问题，保障了农户的收益，同时也增加了村集体经济收入。党建共建，乡村振兴，太平在行动，中国太平保险集团有限责任公司内蒙古分公司将紧跟党中央、集团党委及总公司党委的步伐，积极履行社会责任，为乡村振兴贡献自己的力量。

重庆市江津区农业农村委员会

◆

坚持"乡村治理与乡村建设融合推进"思路
创新建设"津彩大院"

重庆市江津区农业农村委员会以全国乡村治理体系建设试点为契机，创新"院落制"治理模式，探索党建引领下"四治融合"的有效实现路径，疏通基层治理村大面广难治、户散人少难管的堵点难点，获中央农办、农业农村部表扬推介。2022年以来，江津区聚焦"乡村治理与乡村建设融合发展"，深入挖掘"院落制+"潜能力，优化"院落制+"表达式，以建设"美丽家院""经济庭院""服务大院""文化书院"为导向，进一步以院落为载体，深化"院落制"与"产业、服务、文化、环境"有机融合，着力打造宜居宜业和美乡村"津彩版"。目前，已建成各具特色的"津彩大院"124个。2023年2月，该案例在全市乡村振兴局长会作现场交流。

重庆市涪陵区委组织部

立足重庆市工业强区 农业大区优势
为乡村振兴提供坚强组织保证

中共重庆市涪陵区委组织部坚持把组织振兴作为全面推进乡村振兴的根本和保障，以高度使命感严格落实抓党建促乡村振兴政治责任。

一是党建夯实基层堡垒。聚焦乡村振兴主战场，持续提升农村基层党组织建设质量，强化基层党组织"主心骨"地位。实施村（社区）干部队伍能力提升"三雁工程"，促进能力素质有效提升。在全市率先开展村（社区）党组织书记"擂台比武"等活动，不断推动构建领导有力、运转有序的农村基层组织体系。

二是党建引领产业发展。坚持思想破冰、机制破题、实干破局，营造生动创业氛围。及时出台村级集体经济收益分配文件，打破村（社区）干部对集体收益"不会用、不愿用、不敢用"思想束缚。全区村均经营性收入较上年翻一番，扶持村比全区平均值高42个百分点。

三是党建赋能乡村善治。构建完善自治、法治、德治、智治"四治融合"乡村治理工程。实施"党建扎桩·治理结网"集成改革，推进网格化管理、精细化服务、信息化支撑，提升乡村治理效能。推广村民说事、院坝面对面等创新经验，深化"三事分流"机制，联动解决农民诉求。

山西省长治市上党区振兴新区振兴村

◆

党建引领乡村振兴 文化旅游强村富民

　　山西省长治市上党区振兴村现有党员64名，下设老年、青年、妇女三个党小组。振兴村把党的政治建设摆在首要位置，将发展作为第一要务，实行党建工作与发展项目同谋划、同部署、同推进、同考核工作机制。创新"三级联动"机制，实施"党委抓大事、支部办实事、党员做好事"党建工作新举措。党委发挥党委牵头抓总的作用，在"决策"上出实招，确立新时代"五个一"发展思路，谋划未来五年将办的十大项目。支部在民生上下功夫，将党支部制定的党建工程、惠民项目与发展大事抓具体、抓深入，把好事办好、把实事落实。振兴集团所属企业拿出60%资金发展村集体经济，其中20%用于村民的社会福利和大病补助。党员在本色上不动摇，制定鼓励党员做好事激励机制，在游客中心、便民服务中心和山药蛋客栈设立党员先锋岗，推出"上门服务""帮办代办"等便民服务活动60余次；对村内环境卫生进行集中整治，营造干净舒适的乡村面貌。在全省"两优一先"表彰大会上，振兴新区振兴村荣获全省先进基层党组织。近年来，振兴村先后荣获全国文明村镇、全国乡村治理示范村，全国乡村旅游重点村、全省先进基层党组织等荣誉称号。

Part 7

农服强农典型案例

大力发展农业社会化服务，在促进小农户和现代农业发展有机衔接方面取得显著成效。

浙江省丽水市

聚焦"急难愁盼"创流动供销致富车模式
探革命老区共同富裕之路

一、案例背景

丽水市地处浙西南，素有"九山半水半分田"之称，因此交通不便、人口分散、公共服务成本高等问题较为突出。近年来，丽水市紧盯乡村共同富裕，坚持党建统领，在全国首创流动供销致富车项目，实施"浙丽供"保生活、"浙丽产"促生产、"浙丽销"促增收、"浙丽服"惠民生、"浙丽治"护平安五大行动，开通流动供销致富车194辆，服务覆盖1260个浙闽边际革命老区山村、40多万山区群众。目前，该项目已在浙江省全面推广，先后被评为全国农业社会化服务典型案例和全国供销系统县域流通六大典型案例，写入2022年浙江省委一号文件，列入2023年丽水市十方面民生实事。

二、解决的主要问题

丽水市立足山区群众"急难愁盼"的问题，实施22类78个事项一站集成。依托致富车提供生活保供、农产品收购、生产服务、便民服务、平安治理等"流动式"服务。通过采取"致富车＋产业""致富车＋农合联""致富车＋乡村集市"等模式创新，销售农产品1.85亿元，带动群众月增收达2350元。通过全力打造山区惠民数字"驾驶舱"，打通买卖的双方信息，补齐山区产供销服务短板，有效消除了山区"信息孤岛"。**解决了山区公共服务覆盖难、山区群众增收渠道窄等问题。**

三、主要做法

系统集成山区公共服务"供给链"。丽水市建立市、县两级党建联建联席机制，跨域建立63个服务片区，打造山区综合服务"30分钟服务圈"。依托流动供销致富车"一站式"直达，实现跨部门、跨地域、跨层级公共服务集成，服务延伸到福建省寿宁县下堂乡等革命老区，让浙闽两省山区群众在"家门口"享受便利服务。

模式创新打造产业"共富链"。丽水市成立全国首个跨省产业农合联、率先启动流动供销大集市项目，实行乡村固定收购点"定点收"+服务车"流动收"，收购不限品类和数量，服务网格覆盖全市903个村，以箬叶产业为例，流动供销致富车带动山区群众增收1.3亿元，真正带活一方产业、富裕一方农民。

数字赋能升级服务"应用链"。设立"我要买、我要卖、我要办、我要贷、我要帮"等重点板块，系统推出5大核心业务56项具体业务，成为山区群众生产生活的"掌上通"。同时，在全国首创社区"共享冰箱"无感自助买菜模式，设立山区农产品收购点45个，提供售菜服务3.7万人次，带动销售高山农产品1290万元。

中农集团控股股份有限公司

9+N菜单式服务模式
促进小农户和现代农业发展有机衔接

一、案例背景

中农集团控股股份有限公司（简称中农集团）是中国农资行业的"国家队"和化肥供应的主渠道，目前年化肥经销规模已经达到2600万吨，年营业收入300亿～500亿元，总资产规模近300亿元。截至2022

年年底，建设各类基层网点2.39万余家，中国农资服务中心64家，农服人员800余名，农化服务覆盖各类合作社2396个，年服务农田6800万亩次，机械作业60.78万亩次，土地托管半托管98.5万余亩，有效推动小农户实现农业现代化管理，帮助农户减少化肥投入3.5亿元，帮助农户增收12亿元。

二、解决的主要问题

自2013年启动"中国农资"智能配肥站试点建设工作以来，经过10年的不断探索，中农集团创建了一套扎根基层、深接地气的"中国农资智能服务体系""一户一测土，一地一定制"，有针对性开展9+N菜单式服务模式，9项基础性服务围绕当前农业生产的"产前""产中""产后"环节，提供农资供应、科学施肥、植保综合服务、农机作业、良种选育、农用汽柴油供应、农膜综合治理、土地托管、中国农资"云服务"9项主要功能+N项拓展功能，逐步形成"产品服务化、服务方案化、方案科学化"的为农服务基本模式。**解决了传统服务模式单一、农业技术推广落地难、云服务发展速度慢等问题。**

三、主要做法

聚焦作物，聚焦农户，形成独具特色的农技"红马甲"轻骑兵、"一人一车一库"和"两田四会"服务模式。近三年，中农集团服务耕地面积16240万亩次，建立试验示范田1424块，组织22479场"线上＋线下"涉及农业技术、科学施肥方案、肥料辨假等内容的专题讲座，合计培训人员超过881.3万人次，针对小麦、玉米、水稻、棉花、辣椒、蜜瓜等不同区域的10余种作物制定了作物管理方案157个。

大力推广测土配方施肥技术、推广绿色农资。通过"测土、配肥、回访、测产"等系列跟踪服务，提高肥料利用效率，促进化肥减肥增效。通过加大测土配方力度，积极调整配方，提高有机肥、液体缓释氮等产品使用比例，最大限度满足农民种植所需，做到减量增效。

开展秸秆还田、土壤修复，提供植基地综合解决方案服务及土地托

管服务。利用"秸秆还田＋臭氧消毒＋补充有益菌"集成技术，进行土壤消毒及修复，构建完整的土壤修复方案。加强作物营养、植保及田间管理方案等的整理。

大力开展云服务，促进线上线下协同发展。打造线上线下相结合培训体系，开展技术观摩、田间指导、试验示范等多种形式的技术培训活动。邀请专家为农民农业生产提供实用的技术，并发布"农服红马甲"系列视频，为农户解析产品选择和作物管理要点，农户可以随时随地观看。

中国建设银行安徽淮南分行

创新农业托管模式
为农业现代化提供有效金融解决方案

一、案例背景

40多年前，凤阳县小岗村催生了以家庭承包经营为基础、统分结合的双层经营体制。随着城镇化的发展、科技的进步和农业机械的广泛运

用，传统的农业生产经营模式难以为继，淮南市凤台县杨村镇率先试点的农业大托管改革登上了历史舞台。

二、解决的主要问题

参与淮南市农业大托管的市场经营主体，普遍存在以下情况。如：现金结算流水少，赊购赊销无流水的问题，营业收入无法提供有效佐证，导致银行调查难度大，审核通过率不够高。同时，农业市场经营主体还普遍存在缺乏有效抵押担保措施和信用意识不强的问题。中国建设银行安徽淮南分行（简称建行淮南分行）针对无抵押担保的问题，创新了许多信用类贷款。建行淮南分行积极探索"农业＋科技＋金融"三方赋能新模式，下沉金融服务，开展金融创新，搭建网络信息平台，开发专属"托管贷"为农业现代化提供了具有典型示范意义的金融解决方案。解决了市场经营主体结算不规范问题和部分客户不能按期还款的问题。

三、主要做法

打造一套全面服务大托管的信贷产品体系。针对村集体、农户、专业合作社及家庭农场的不同主体及不同特性，开发了涵盖线上、线下渠道的"托管贷"系列信贷产品，解决了农业经营主体融资难、融资贵、融资流程复杂等问题。

打造一个农大托管信息网络平台。运用金融科技，搭建农业生产大托管信息网络平台，形成"农技、农资、农机、农产品、农业金融"五项服务的全农服务体系，为农业大托管各类群体提供专业服务。"农业大托管信息网络平台"已被安徽省遴选为"金融科技赋能乡村振兴示范工程"。

打造一系列裕农通综合服务生态场景。建行安徽淮南分行在全市布放1104个"裕农通"普惠金融服务点，覆盖全市92%的行政村，将银行的窗口搬到"村口"，让村民在足不出村的情况下就能办理小额存取款、民生缴费、社保医疗等金融和非金融服务。

　　打造一套涉农金融数字化风控体系。将风控基因植入农业大托管综合金融服务中，加快技术建设、制度建设、人员队伍建设。加强农业经营主体与保险机构合作，通过购买农业保险，为经营主体收入托底。深入开展与当地担保公司及省普惠担保公司批量合作，提高风险化解能力。

探索"一二三四"农服机制
稳粮保供促增收

一、案例背景

乐陵市耕地面积110万亩，粮食播种面积175万亩，粮食总产量84.5万吨，是全国粮食生产先进县、国家级商品粮生产基地。近几年，农村年轻劳动力大量外出务工经商，农村劳动力年龄日益老化，且一家一户的分散经营不能实现规模效益，小规模生产与大市场的矛盾在很大程度上制约了现代农业的发展。

二、解决的主要问题

乐陵市重点支持农民办不了、不好办的环节，全市700多家服务组织年服务小农户7万多户，占小农户总数的近六成，接受全程托管服务的小麦和玉米种植户综合效益提高20%以上。目前，农业社会化服务对现代农业的支撑功能和联农带农作用明显增强，实现了服务主体、农机手、村集体经济组织、小农户多方共赢，促进了农民增收、农业增效。解决了在农户不流转土地经营权情况下，规模经营发展难和当地服务体系不健全的问题。

三、主要做法

紧抓生产托核心，创新经营方式。引导小农户接受绿色高效生产服务，优化项目补助环节，如统防统治、种肥同播等环节按服务价格的30%补助，传统作业环节按服务价格的20% ~ 25%补助。

做好两个结合，健全服务体系。将公益性农技推广服务与经营性服务相结合。建成农业综合服务中心13处，为农技、植保、培训等公益性服务进村入户提供平台。将培育服务主体与健全服务体系相结合。大力推广"服务主体＋村集体＋农户"等组织形式，化解市场化服务主体面对广大小农户的组织难题。如乐陵市金丰公社整合200多家服务主体，服务面积由9万亩次增加到30万亩次。

坚持三个到位，保障项目实施。一是组织保障到位。成立了由市长任组长的领导小组，安排专项工作经费20万元。二是尊重意愿到位。深入开展调研，鼓励灵活多样服务模式。三是严格管理到位。制定服务规范和质量标准，开发农业社会化服务大数据平台。2020—2022年接受托管服务的农户满意率均在98%以上。

推广四种模式，满足多元需求。一是增产托管。乐陵市金丰公社将增产技术方案融入生产托管，每亩可增产100千克以上。二是订单托管。金穗农业服务有限公司与中化集团合作，以高出市场价0.2～0.4元／千克的价格收购托管的小麦和玉米。三是菜单托管。来秋农机合作社等服务组织，将小麦和玉米生产环节的服务内容列成"菜单"，由农户自由点单、自主选择。四是全程托管。金农田服务联合社成员机械共享、分工协作，为农户提供全过程托管服务。

南京善思现代农业有限公司

◆

数字农田档案 纳米农药定制
用科学监测助力中国农业绿色发展

一、案例背景

针对现阶段农业社会化服务难以规范化、标准化、规模化的弊端，南京善思现代农业有限公司（简称善思）根据市场需求，围绕农民增产增收、农业绿色可持续发展、推广经验可复制三个目标，创新发展出了定制化植保托管模式。该模式通过标准化流程管理，为农户提供稻麦等主粮作物和重要经济作物病虫害防治技术指导、统防统治解决方案和喷施作业等农事服务。

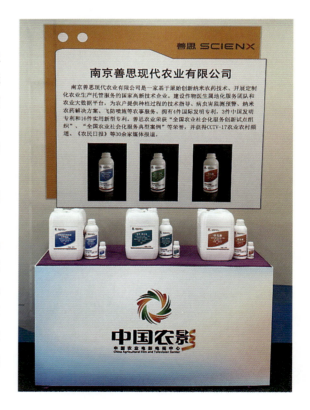

二、解决的主要问题

通过2021—2022年在江苏、安徽省下辖11县（市、区）建立了小麦、水稻病虫害防治服务示范点，累计为2000户农户提供了150万亩次的定制化服务，充分验证该模式围绕纳米农药解决方案、线上作业数字平台、线下植保服务团队、定制化植保服务标准化四个维度持续发力，在农民增产增收、保障农产品质量安全、保护生态环境以及推动农业绿色可持续发展中发挥了积极作用。**解决了农业社会化服务难以规范化、标准化、规模化、跨区域的问题。**

三、主要做法

方案定制化，破解农药减量难题。 善思将服务过程中涉及的农技服务、农药供应、植保托管、农机作业等环节通过"农田时空档案"平台进行有机整合，形成"一站式"服务，破解长期以来农户由于缺乏专业技术，导致选药不对路、用药不科学、打药不及时、混配不合理等"痼疾"，大幅改善农户随意混配、随意加大用药量等问题。

农药纳米化，破解农药绿色难题。绿色制备技术选用天然物质或其衍生物作为助剂，不使用高毒的溶剂和有害的助剂，无"三废"（废水、废气、废渣）产生，大大减少了环境污染；稀释稳定实现了稀释药液在 2 小时内稳定不沉淀析出；使用便捷方面为农户定制和精准施药，发展了固定规格、省去二次稀释。"绿色纳米农药技术在航空植保中的应用"成果显著，2021 年被评价为：技术达到国际领先水平。

流程标准化，破解数字化管理难题。善思的标准化建设包括作物医生拜访客户、签订协议、圈地查田、送药收费、指导打药、预测产量等，初步建设了一个能满足公司运行的标准化体系。标准体系的建设和运行，实现了定制化托管服务过程全部信息和服务流程的数字化，保障了数字化管理的有效性。

探寻"双社联合"新路径
村企农"三方一体"助力共同富裕

一、案例背景

金丰公社农业服务有限公司（简称金丰公社）联合村股份经济合作社实施整村推进生产托管模式，即"党建引领双社联合壮大村集体经济"模式（简称双社联合），保证了二者互为依托，取长补短，共同发展，很好地发挥了村股份经济合作社在土地集中方面的优势，既为土地规模化生产创造了条件，又为发展村集体经济创造了有利契机，更保证了广大农户的利益需求，实现了多方受益。

二、解决的主要问题

金丰公社双社联合模式有效解决了"插花地""边角地"管理难问题，大田变小田，为规模化经营创造条件，同时不改变土地"三权"（所有权、承包权、经营权），最大限度消除了村民顾虑。金丰公社实施大田农业全程数字化，提升智慧化水平，积极引进高技术要素，聚合产业链优势资源，真正实现农业生产面积、产量双提升。**解决了农业生产面积、产量提升难的问题**。金丰公社"双社联合"模式实施后，做强做实了党支部领办的合作社，为村集体带来了可持续的经济增长路径。同时，农

户不仅可以从土地中彻底解放出来，而且凭土地获取保底加分红实现持续增产增收，通过外出打工或经商也可以再多挣一份收入。本地农服组织也可以从"1对多"服务的现状中解脱出来，把主要精力用于多种粮、种好粮。**解决了村集体缺少有效经济收入、农户种植收益低、农服组织"1对多"对接农户效率低等问题。**

三、主要做法

在金丰公社"双社联合"模式中，农户拿到的是保底收益＋增产分红，这与土地流转只支付农户固定租金的方式有着本质区别。

在金丰公社"双社联合"实施过程中，金丰公社与村集体（村党支部领办合作社）合作，村集体负责组织整理好农户土地，金丰公社负责专业种地并承担各项农业种植成本，粮食收获后先用于支付农户保底收益和村集体基本收益，再支付金丰公社托管费用，增收部分由农户、村集体和小社长进行再分配。当年，该村粮食种植面积增加6%，单产增幅约15%；村集体增加收入40多万元，农户租金和分红收入达160多万元。

"双社联合"实现了经营模式由土地流转到大田全程托管的转变；赢利模式由服务组织和少数农户赢利到村集体、合作社、农户、服务组织四方共赢的转变。由党支部领办合作社，全程参与"耕、种、管、收、售"，开创了社会化服务创新模式。同时，引入山东农担，为土地托管提供贴息贷款，并利用智慧平台对资金进行监管，确保资金安全使用。

河南心连心化学工业集团股份有限公司

坚持绿色高质量发展道路
加大服务体系建设 推动农民提质增收

一、案例背景

目前我国农业的主要问题是产量、品质和土地，核心是绿色发展。绿色农业不是不用化肥，而是如何科学施肥。作为化肥企业，其中心任务是既要少施肥，又要保证农产品产量；既要少排放，又要改良土壤。河南心连心化学工业集团股份有限公司（简称心连心公司）根据客户不同的需求，做好不同的产品。从过去单一的氮肥变为针对不同作物可高

效利用得多品类产品体系；服务也从过去的只做化肥买卖变为全方位绿色田间服务。

二、解决的主要问题

心连心公司通过免费测土、农技指导、施肥指导等一系列的田间服务，引导农民科学施肥。公司积极研发高效绿色肥料，推出的超控士尿素，挥发抑制率达到50%，给化肥减量以及氨减排工作带来了质的改变；研发腐植酸系列产品，将腐植酸和尿素有机结合起来，不仅仅促进农作物的生长，而且对于解决土壤板结问题、增加产量、特别是对提高农产品的品质都有较好效果。**解决了肥料利用率低、农业种植成本高、化肥产品对环境影响大的问题。**

三、主要做法

科技创新。 心连心公司坚持绿色高质量发展道路，做到"少排放""严治理""变废为宝"。采用行业先进的水煤浆清洁生产技术，煤炭转化效率从84%提升至99.7%，坚持高标准、高投入的原则做环保，大力发展循环经济，连续十二年荣获"能效领跑者标杆企业（合成氨）"。

产品创新。心连心公司立足"碳中和""碳达标"的时代需求，携手中国科学院合肥物质研究院、中国农业科学院、中国农业大学、河南农业大学，开启氮肥高效利用、绿色发展的大门。成功研发推广了水触膜控失系列、黑力旺腐植酸系列、黄腐酸硝基肥系列等高效产品。让每吨煤炭多产10%的肥料，让每吨高效肥提高10%的粮食产量。产品氨挥发抑制率达到50%，有效减少化肥20%的使用量。

服务创新。心连心公司运用移动应用、大数据信息化技术，创新打造心农服平台系统。实现大数据网和农业技术人员、科研机构人员随时衔接。农民在化肥使用过程中遇到的任何问题，随时都可以和专家联系。

心连心公司通过"配肥中心＋化验室＋高效农业服务中心"三位一体模式，打造特色农化服务体系。在全国范围建立了百余家高效农业服务中心及测土化验室，因地制宜开展免费测土、科学配方、精准施肥、种植指导、飞防服务等一系列作物营养解决配套一体化服务。通过对当地土壤和作物的深入研究，为农户提供精准服务和解决方案。

中农立华生物科技股份有限公司

助力西昌葡萄提质增收
农户种出好"钱"景

中农立华生物科技股份有限公司（简称立华）作为中华全国供销总社下属企业，自成立以来，始终发挥农化流通服务领域国家队的作用，坚持"立足中华，服务三农"的使命，大力推广高效、低毒、安全、环保的产品，受到行业内外的一致认可。2022年，立华销售规模突破百亿，销售额位列全国农药行业第四名。四川省西昌市是我国重要的葡萄产地，在管理过程中，葡萄白粉病等真菌性病害发生普遍，为解决这一难题，立华技术团队深入走访3万亩次葡萄田，开展50多次的试验探索，筛选出了能高效解决当地葡萄白粉病的全程方案。立华方案作用位点独特，杀菌谱更广更安全，在提升作物抗逆性的同时可以防治白粉病、灰霉病等病害，使作物品质更高。2022年，立华团队共计服务种植户2000余人、葡萄田超过1万亩次，实现了每亩增产250余千克，增收1200余元，助力种植户走上丰收的致富之路，为当地葡萄产业发展贡献了国家队的力量。

中化现代农业有限公司

搭建现代农业技术服务平台
助力农业全产业链转型升级

中化现代农业有限公司是中国中化旗下先正达集团的全资子公司，全面负责先正达集团中国MAP与数字农业业务的经营管理，在国内现代农业服务和农业数字化领域处于领先地位。MAP模式（现代农业技术服务平台）的核心理念是"种给农民看，带着农民干"，通过MAP技术服务中心和MAP科研与示范农场，打造基层农艺师队伍，集成推广以"良种＋良法"为核心的全程种植解决方案，将好种子和好技术送到田间地头。截至目前，MAP年服务面积超过2800万亩，注册农户超过200万户，线上服务面积近2亿亩。根据中国农业科学院专业评估，2022年，MAP通过"良种＋良法""线上＋线下""技术＋产业"，帮助农户实现土地生产效率提升9.23%、劳动生产率提升26.25%，实现粮食增产共12亿千克。中化现代农业有限公司先后荣获全国脱贫攻坚先进集体、中央企业先进集体、全国农业社会化服务典型企业、全国农业社会化服务创新试点单位、全球农业可持续发展典范、全球减贫最佳案例等荣誉。

北京博创联动科技有限公司

◆

创新"千县万镇"计划
赋能新农人数智化转型

北京博创联动科技有限公司（简称博创联动）通过农业专业化社会化服务组织推广农业数字智能装备，要将智能农机送到农田里不能只依靠农机生产企业，农业专业化社会化服务组织承载着衔接小农户和现代农业的职能。博创联动发布的"百千万"项目，在1000个县域、10000个镇域内展开智能农机的推广活动，培育了万名新农人。农机智能化不仅仅解决农业生产难题，还可以吸引更多的人才回农村创业，带动更多的新农人。农机服务组织在跨地区作业时面对的是几千亩甚至上万亩的托管土地，必须综合考虑整体工作效率。博创联动通过数字农服解决方案将农服"人—车—作业"的管理由线下迁移到线上，由人工手动低效管控转为数字化、智能化管控，大大提升了管理效率，降低了管理成本，提升农服组织的管理和盈利能力。

Part 8

名企助农典型案例

充分发挥知名企业的人才、资金、技术、市场等优势，帮扶或带动地方经济社会发展，并取得显著成效。

牧融集团有限公司

搭建数字化供应链平台 以科技赋能
打通城乡农产品供销产业链

一、案例背景

2021年在京蒙对口帮扶、东西部协作等政策背景下，牧融集团有限公司（简称牧融集团）携手北京市朝阳区高新技术协会，经调查走访卓资县内的企业，发现卓资县的许多特色农副产品因销售渠道不畅、品牌

影响力不足和农民的思想观念等问题，严重制约了产业发展和农户增收，故与卓资县达成东西部战略合作，双方在定点对口帮扶、政务、电商等领域展开深度合作，并开启了"区块链＋政务服务""乡村振兴＋定点帮扶"的实践探索。锻造出一条县域共同富裕产业链，助力乡村振兴、绿色发展，推动数字乡村建设。

二、解决的主要问题

　　首先，在全面推进乡村振兴工作中，为了帮助当地企业和农户解决"有货卖不出"的窘境，上线电商平台，成立"京蒙帮扶"助农馆。其次，为帮助卓资县进一步提高科学精准防疫水平，优化疫情防控举措，开发核酸检测系统，京蒙携手共同抗疫。最后，搭建数字化政务服务平台，智能的线上办、一次办、快速办的服务，打破办事时间、办事地点的限制。**解决了农产品销售渠道不畅、品牌影响力不足、智能化服务薄弱等问题。**

三、主要做法

　　成立"京蒙帮扶"助农馆。2022年年初，牧融集团旗下电商平台"牧有货·助农馆"正式上线，以"培育地方特色品牌，助力乡村振兴"

为己任，将卓资县域内的熏鸡、燕麦、亚麻籽油等农畜产品进行整合并上架销售，通过电商扶贫的形式拓宽农副产品的销售渠道，增强当地农户和企业的致富能力。

开发核酸检测系统。2022年2月，为应对严峻的疫情形势，牧融集团为卓资县人民医院开发的"核酸检测"系统正式交付运行；同年6月，优化升级系统的功能，为卓资县广大考生保驾护航。通过手机小程序即可在线申请预约核酸检测、缴费、线上查询检测结果。

搭建政务服务平台。2022年7月，牧融集团积极与卓资县政务服务中心对接，以政务类服务项目为核心探索拓展途径，实现并开发了《卓资县政务服务中心政务服务系统平台》。此平台以卓资县各企业和办事群众的需求为导向，借助区块链技术重点解决先前"跨区域、远距离、多头跑"等问题。让办事群众切实感受到新政务服务平台所带来的便利，享受到更加高效、智能的"线上办""一次办""快速办"服务。

重庆西大魔芋生物科技有限公司

借助高校科研力量 传统魔芋焕发新魔力
助力乡村振兴

一、案例背景

昌宁县本地一直有种植花魔芋的传统，但由于长期采用无性繁殖的留种方式，导致本地种源的花魔芋退化严重，软腐病、白绢病等病害发生严重，魔芋产量低，个别芋农甚至有颗粒无收的情况。以往的种植往

往采用粗放的管理方式，仅依据芋农个人经验种植施肥，导致种植风险高、产业规模化受限，从而降低了芋农积极性，也浪费了优质种植资源和大量的劳动力。

二、解决的主要问题

在此基础上，重庆西大魔芋生物科技有限公司（简称西大魔芋）项目团队因地制宜、科学规划，针对不同海拔和气候，充分发挥昌宁县现有退耕还林地、稀疏林地、经济果林和高秆作物（玉米等）种植地的资源优势，推进魔芋遮阴栽培，并依托西大魔芋的良种繁育和配套栽培示范基地，引进抗病性、适应性强的白魔芋和珠芽魔芋。**解决了魔芋种植规模化、产业化发展难、良种良品配套不足等问题。**

三、主要做法

创新开发"211高校＋龙头企业＋合作社＋农户＋贫困户"的模式带动产业结构升级和低收入人群增收。先是以意向登记报名和条件筛选的方式，优选积极主动、意愿强烈、准备充分、土地相对集中的农户5～10户签订合作协议，合作带动农户种植魔芋。再由西大魔芋统一进行技术培训，并免费提供魔芋种芋、复合肥、植保药剂和成套的栽培技术方案。农户按照公司的技术方案进行土地翻耕、土壤处理、施肥、播种、覆盖、遮阴处理、除草、施肥、病害防控、适时采挖。公司技术人员在种植期间对各合作农户的农事操作进行现场指导和督查落实，保证农事操作的规范化，提升了农户种植魔芋的技术水平。

西大魔芋落户昌宁，在发展魔芋种植的同时也为当地提供了大量务工岗位。仅示范基地建设农闲时每天需要工人30人左右，高峰期用工量达到100多人。工人们出门几分钟就到基地，一个月能有近3000元的收入，极大地调动了芋农种植的积极性。更好地实现了小魔芋带动大产业的乡村振兴之路。

富平县华丽柿子专业合作社

专注柿子产业 打造特色产品
三产融合发展 助力乡村振兴

一、案例背景

　　富平县华丽柿子专业合作社位于"中国柿子之乡"曹村镇太白村，创始人石华丽从1999年开始从事柿饼的加工和销售，经过多年柿饼加工和销售经验，2007年12月8日成立了富平县华丽柿子专业合作社，合作

社是集柿子种植、柿饼加工、销售为一体的专业合作社。为了顺应市场发展，合作社先后经历了3次扩建。目前合作社新建富平尖柿非遗传承馆、化验室、电商运营中心、工人生活区，建有柿子风情园，200亩标准化柿子示范基地，基本实现三产融合，形成柿子产业带动乡村旅游发展格局。

二、解决的主要问题

通过建设自主品牌、充分挖掘传统技艺和文化内涵、统一生产标准，**解决了品牌建设不足、经济效益低、产业结构不健全等问题。**

三、主要做法

创建自主品牌。曹村镇是富平县传统的柿子种植区、加工区，2010年前由于生产者和经营者受传统观念影响，大部分生产加工企业、农户不重视品牌建设，没有获得更好的经济效益。富平县华丽柿子专业合作社经过调研，决定转型做自主品牌，为了做大做强柿子产业，合作社理事长石华丽注册了"富柿花"这一品牌。

挖掘传统技艺。多年来，石华丽走访了村子里加工经验丰富的老人，从他们的口中学习了富平"瓦罐柿饼"古法制作的方法和经验，将失传的手艺重新找了回来，获得了"富平县柿饼制作技艺非遗传承人"的荣誉称号，并在2018年将瓦罐柿饼推向市场，大大提升了富平柿饼的价值。

统一生产标准。在生产过程中，在全县首家进行标准化生产加工，建立柿子加工棚，建设储藏冷库对加工的柿饼进行保鲜储藏，同时针对每个生产加工环节，严格按照食品生产卫生标准，对员工加强技术培训，做到熟练生产，标准生产，使产品100%达到食品安全卫生标准，由于产品质量上乘，合作社的生产规模不断地扩大。

拓展销售渠道。2019年，石华丽看准了电商带货这一机会，多次赴杭州寻找合作机会，最终与头部主播达成合作。2019—2021年，通过与各大主播合作，合作社年销售量500吨，销售额3000万元。2022年，富平县柿子产量丰收，在当地县委、县政府的大力宣传下，合作社销售量达到了合作社成立以来的巅峰，获得了销售量700吨，销售额5000万元的喜人成绩。

湖南煌礼记生物科技集团有限公司

延伸黄精产业　创新地方特色
带动家乡发展　助农在行动

一、案例背景

　　"北有人参，南有黄精。"黄精是被列入《神农本草经》的上品，千百年来一直都是入三经、安五脏的道地良药，也是国家卫健委第一批公布的"食药同源"的中药材品种。湖南煌礼记生物科技集团有限公司（简称湖南煌礼记）多年来专注于打造家乡黄精产业链，目前已发展为集种植、研发、加工、连锁实体销售等为一体的集团化高质量发展企业。

二、解决的主要问题

湖南省新化县是多花黄精的核心产区，素有"中国黄精之乡"的美誉。但传统的黄精种植主要靠农户自发进行，产品质量参差不齐，价格始终徘徊在较低水平。湖南煌礼记在研发端投入大量资金，先后推出黄精酒和黄精茶，建成工业化、现代化加工车间。制定严格的品控标准，精选生长于新化6～10年的野生黄精，严格按照九蒸九晒的古法技艺和流程进行加工。确保了产品的药用功效和优质口感，**解决了农产品加工标准不统一、产品市场认可度低等问题。**

三、主要做法

扎根产地，带动黄精产业链发展。湖南煌礼记始终坚持用中国文化与中国药材炮制中国好酒。以严格的标准优选原产地黄精，通过专业化、标准化加工，按照中医典籍中"七蒸七晒"和"九蒸九晒"的制作工艺进行生产。公司每年招聘短期工人700人以上，长期工人200人以上，带动本地农民就业增收。

聚焦品牌，打造国货养生新"食"尚。湖南煌礼记深入挖掘黄精补气、养阴、健脾、润肺、益肾等功效，守护传统中医中药养生理念，推出药食同源的深加工黄精产品。湖南煌礼记多年来深耕黄精产业，依托本土黄精资源优势，紧贴市场，创研出黄精咖啡等符合市场需求、物美价廉的国货产品，致力于发展成为本土知名品牌和本地龙头企业。

贺州市顺来农业发展有限公司

"小芋头"变身"大产业"
助力振兴促共富

一、案例背景

2021年以来,贺州市八步区践行香芋全产业链发展思路,以香芋规模化种植为基础,做大香芋加工产业,拓展香芋三产,促进全区香芋产业由小散型、原料型、粗(代)加工型、无(小)品牌粗放发展向规模化、专业化、标准化、品牌化、全产业链发展转变,把八步区打造成有

较大竞争力、影响力的区域性香芋产业链基地，引领带动全区巩固拓展脱贫攻坚成果并推动乡村产业振兴。

二、解决的主要问题

自八步区大力发展香芋产业以来，有效带动群众在家门口就业，解决周边1300余户脱贫户，确保群众"留下来、能就业，可致富"，联农带农富农效果明显。建成600立方米速冻室、26000立方米冷藏室，实现鲜活农产品错峰上市。开启"电商直播"销售模式，通过挖掘本土主播开展香芋等农产品直播带货，开拓区内外市场，着力推动香芋农特产品走出小乡镇、通向大市场、卖上好价钱，不断拓宽国内外销售市场渠道。解决了本地创业群众就业难、农产品不易储存保鲜导致"卖难"的问题。

三、主要做法

"资金＋科技"，助力优化产品结构。八步区引导贺州市顺来农业发展有限公司先后投入资金1690万元，争取财政衔接资金620万元，实施技改升级，不断优化产品结构，建成年产2万吨果蔬加工生产线，引进香芋精深加工设备10台（套）、芋圆生产新工艺2项，发展香芋扣肉、客家豆腐酿等本土特预制菜。

"流转＋带动"，助力壮大产品基地。激励龙头企业充分发挥新型经营主体带动作用，通过直接或间接方式与农户合作流转土地，累计流转土地2.4万亩，有效遏制土地"非粮化"和"撂荒化"，农户获得土地流转租金800元/亩。

"品牌＋转型"，助力提升农产品品质。以"标准化管理、品牌化经营"为发展理念，专注于芋圆以及速冻芋头等农副产品加工、开发、销售，引进新品种、新技术、新工艺，创建了"芋博士""上红"2个品牌。

"整合＋冷链"，助力补齐流通短板。2019年以来，八步区积极整合各级资金，使重点企业累计获得涉农资金支持1071万元，其中按照"能放则放、能简则简、能快则快"原则，结合实际对公司实行"先建后补"模式，下拨补助资金300万元，用于推进农产品仓储保鲜冷链项目。

"线上＋线下"，助力拓展产品市场。着力推行"线上＋线下"两种销售模式，全方位推进和拓展国内和国际市场，产品畅销全国各地，远销港澳台地区及东南亚国家。

泾川县旭康食品有限责任公司

借助科技 特色红牛高质量发展
创建品牌 带领农户增收致富

一、案例背景

泾川县旭康食品有限责任公司（简称旭康公司）以保护种质资源、振兴民族品牌为己任，以精准扶贫为抓手，以红牛产业促进乡村振兴，搭建科学研究和技术服务平台，完善全产业链格局；着力保护本土优良品种，开发优质高端牛肉，为养殖户脱贫致富和满足国人对本土高端牛肉的消费需求做出积极贡献。

二、解决的主要问题

旭康公司立足现有优势，组建专家团队，探索出了"平凉红牛谷饲育肥高档雪花肉牛技术"，培育出的雪花牛肉足以和日本和牛相媲美，填补了国内高端肉牛空白，提升了平凉红牛品牌知名度和影响力；引进汽喷破壁揉丝发酵活性饲草等技术，大大降低了肉牛养殖成本；建成有机肥生产线，对养殖产生的所有牛粪便等有机固体废弃物进行清洁化、无害化深加工，实现肉牛规模化养殖污染物的"零排放"；集成创新肉牛品种选育高新技术，加快培育平凉红牛新品种，为平凉红牛品牌奠定了物质基础。帮助养殖户进行比较效益对比、提供冻精冻配、养殖技术培训，扩大了平凉红牛养殖规模。**解决了国内高端肉牛知名度低、养殖成本高、产业链不完善的问题。**

三、主要做法

强化品牌发展，注重科技赋能。旭康公司紧紧围绕扩大平凉红牛种质资源和品牌效应，联结高端市场，倡导绿色化发展，全面推动平凉红牛全产业链开发。先后与国内多家高等院校、科研单位建立了合作关系，成立了专家工作站，聘请知名专家教授挂牌指导，探索出了"平凉红牛谷饲育肥高档雪花肉牛技术"，并引进汽喷破壁揉丝发酵活性饲草技术，实施全过程、阶段式品质育肥，所培育生产的牛肉达 A4 及以上，公司产品畅销国内外。

优化管理模式，建立良种中心。建立平凉红牛良种中心，充分利用本品种选育技术、基因聚合技术、遗传标记选择技术、冷冻精液技术、胚胎工程技术及配套饲养管理技术等，通过集成创新，加快培育平凉红牛新品种（系），采用边培育边推广的制种供种模式，以冻精、胚胎、活体等多元化形式向养殖户提供种源，加快平凉红牛良种化进程，为我国国产高档肉牛新品种的培育构建技术支持体系，推进肉牛种质资源的自主化进程，为产业脱贫和乡村振兴提供强有力的科技支撑。

天津市雅乐氏市场有限公司

◆

扎根菜场三十载 创新引领
多元服务 为农民商户搭建致富平台

天津市雅乐氏市场有限公司（简称雅乐氏公司）成立于2011年04月。主营菜市场建设与运营，是天津市菜市场经营服务行业协会会长单位。雅乐氏公司以打造全国一流菜市场为愿景，以服务民生、提升行业标准为使命，深耕菜市场行业30余年。自成立以来，雅乐氏公司秉承"环境设计人文化、市场管理标准化、业态便利多样化、管控数据智慧化"的标准，围绕中心城区及环城四区先后建设了多家大型标准化菜市场，旗下菜市场的诞生和变迁鉴证了天津市农贸菜市场的发展历程。近年来，雅乐氏公司不断改革、创新经营模式，丰富夜市等业态，将市场运营与智慧化接轨，升级自身经营模式的同时，拓宽服务渠道，不断为"菜篮子"民心工程贡献力量。

四川银行股份有限公司

打造"天府粮仓 数字乡村"工程
为乡村振兴持续输送"金融活水"

　　四川银行股份有限公司自成立以来，始终坚持省级国有法人银行职责定位，以习近平新时代中国特色社会主义思想为指导，深入贯彻习近平总书记关于"三农"工作的重要论述和对四川工作系列重要指示精神，全面落实党中央、国务院和省委、省政府关于推进乡村振兴战略的决策部署，紧密围绕建设新时代更高水平"天府粮仓"，努力发挥金融在乡村振兴领域的重要作用，积极实施"天府粮仓数字乡村"工程；通过强化"党建引领"、加大信贷投放、提升服务供给、加强金融引智、促进助农增收，持续为全面推进乡村振兴和农业农村现代化输送"金融活水"。

Part 9

文旅惠农典型案例

WENLÜ HUINONG DIANXING ANLI

推进文旅融合，通过发展观光农业、休闲农业等拓展农业功能、增加农民收入，并取得显著成效。

整合乡村资源 打造全域大景区
推进"三产带一产"农旅融合发展

一、案例背景

近年来，在市、区两级党委、政府的坚强领导下，甘肃省白银市白银区以辖区内的水川镇等为重点，不断立足资源禀赋优势，以现代农业、文化旅游、休闲养生为重点，全面推进乡村建设行动，全力推动"大景区"建设，加快乡村振兴步伐，争当"强县域"排头兵，在基础设施、产业发展、乡村治理、生态环保等方面取得了显著成绩。

二、解决的主要问题

甘肃省白银市白银区在实施水川镇乡村振兴战略、推进"大景区"建设方面的一些短板和弱项主要是：发展旅游产业的业态不全，旅游经营管理水平还有差距，农民增加收入的渠道不多，与独特的黄河文化融合不够，旅游产业优势带动农民致富增收的优势还没有充分发挥。目前，通过农旅融合发展路径拓宽了农民收入渠道；通过"大景区"建设与引进社会力量参与管理运营提升旅游景区服务功能，丰富旅游业态；通过提升镇区整体基础设施服务水平等手段，传承文脉，惠及当地百姓。**解决了旅游产业业态不全、管理经营水平不高、农民增收渠道不多等问题。**

三、主要做法

不断夯实产业发展基础。按照"三产带一产"融合发展的思路，充分发挥日光温室项目示范带动作用，加强对农业经营主体培育，引导农民发展以设施蔬菜产业和新品特色瓜果为引领的观光、采摘、育苗一体的休闲农业，推动农业产业规模化、现代化、品牌化建设。

加快旅游基础提档升级。充分发挥黄河假日城、"凤园·花海"2个AAAA级景区和"花村·顾家善"、黄河大峡2个AAA级景区优势，打造黄河大峡地质文化村，深入推进沿黄生态廊道建设，完善提升旅游景区服务功能，进一步串珠成线，建成功能齐全、业态丰富的"大景区"。同时，引进社会力量参与管理运营，通过"政府＋企业＋村集体＋农户"方式，政府引导、企业市场化运作、社会力量参与，村集体参与运营，村民通过闲置土地、宅基地等折股量价入股，周边村民参与景区服务或发展旅游服务小产业，盘活了资源，丰富了旅游业态，实现了共赢。

稳步推进乡村建设行动。以乡村建设示范行动为抓手，深入挖掘乡村振兴内生动力，整村推动道路交通、厕所革命、天然气入户、污水处理站等基础设施建设，打造特色民宿，提升镇区整体基础设施服务水平，留住乡愁，传承文脉，拓展乡村旅游"增长极"，真正让老百姓受益得实惠。

诸葛故里红嫂家乡 打造红色旅游
乡村休闲旅游融合发展高地

一、案例背景

近年来，山东省沂南县立足丰富的乡土资源和红色资源，以建设"宜居宜业和美乡村"为目标，按照差异定位、突出特色的原则，找准创新发展的突破口，实施全域资源融合互动、相关产业全域联动，深度发挥旅游业幸福产业属性，挖掘潜在经济优势，培育乡村度假、休闲农业、红色旅游、乡村民宿等文旅业态。

二、解决的主要问题

沂南县以点带面，按照四种模式，赋能乡村振兴，实现文旅惠农，建成A级旅游景区16处，省级乡村旅游重点村6个、市级以上乡村振兴示范片区和美丽乡村示范片区10个，既保护了生态、传承了文化，也实现了群众就近就地就业、共建共享共富。**解决了群众收入渠道单一、潜在经济优势挖掘不深等问题。**

三、主要做法

红色文化"常山庄模式"。常山庄立足沂蒙革命老区中心和革命堡垒村原始建筑独特禀赋，建成集红色教育、红色研学、影视拍摄、休闲观光为一体的山东红嫂家乡旅游区，承拍《沂蒙》《斗牛》等400余部红色影视剧，被世界旅游联盟作为减贫案例推广。

创意田园"朱家林模式"。抓住朱家林列入首批十大国家级田园综合体试点契机，将田园生活体验、乡村生活美学等融入乡村旅游，搭建乡村振兴学院等双创服务平台，吸引燕筑生态、初心文创等18个创客团队和1000多名大学生创客入驻，引建法国安德鲁、柿子岭理想村、中科院郑州果树研究所、高湖垂钓小镇等26个农旅、文旅融合项目。

两区共建"竹泉模式"。发掘竹泉村"翠竹、清泉、古村落"的乡村生态、民俗文化资源，推出景区带村、村企共建，开发一处新景区、同步建成一个新社区，年客流量超100万。带动周边乡村发展农家乐、旅游民宿、文旅商品经营等商铺190余家，500余村民返回景区，开展编竹筐、纺线织布、古法酿酒等特色文化展演，年人均增收2万余元，在景区开发建设中实现了旧房变新居，在景区配套服务中增加了经营性收益。

"两山"理论"马泉模式"。践行"绿水青山就是金山银山"理念，突出抓好退耕还林还草工程，累计改造坡地2600亩、土地3600余亩，建设小型水库及汪塘12个，垒砌堤堰2万米，种植大樱桃、甜柿等优质林果15万余株，带动周边村居成立果品种植合作社、特色水果采摘园14处，周边村民流转土地得租金、园区务工挣薪金、入社合作分股金、入园经营得现金，昔日贫瘠荒山实现"一地生四金"。

河北省固安县

发展温泉文旅康养产业
促进林城村"五位一体"振兴上档升级

一、案例背景

为全面推进乡村振兴战略实施，河北省固安县按照中央、省、市关于巩固乡村振兴成果，争创全国一流乡村振兴示范村的要求，决定将林城村作为争创典型，通过一系列振兴提改措施，推动"林城"知名度、美誉度和影响力大幅提升，跻身国家级乡村全面振兴典型之列。

二、解决的主要问题

依托温泉园林城村"集体开发、村民入股"的成熟模式，打包改造周边村街，打响"大林城"品牌，夯实产业在推动共富中的基底作用，立足生态家底，根据产业布局，加速产业振兴。打造"大林村IP"，全面构建品牌形象体系、行为体系、价值体系，不断扩大品牌效应。加快引进有经验的经营主体，按照打造ＡＡＡＡＡ级景区的目标，吸纳有实力的运营商入驻景区。依托田园综合体建设，推动一产接二连三，拓宽全域旅游格局。**解决了模式不成熟、品牌力弱、全域旅游规划认识不足等问题。**

三、主要做法

一体推进五大振兴。合理优化生产、生态空间布局，强化文化建设，营造良好的人才引入机制和招商创新机制，最终实现林城村产业振兴、人才振兴、文化振兴、生态振兴、组织振兴"五位一体"上档升级，争创国家级乡村振兴典型村街，以点带面，切实推动固安县全域乡村振兴战略向纵深发展。

创新发展产业格局。该项目由"四村联建"而成，现有住户1100户、4500人，党员78名，村党总支下设林一、林二、林三、郭村4个党支部。近年来，按照"集体开发、村民入股"的模式组建开发公司，逐步形成了集田园观光、滤清产品、温泉康养于一体的现代化产业格局，2022年年底预计人均年纯收入达5万元。2014年以来，林城村先后获得"全国生态文化村""全国文明村镇""河北最美休闲乡村""全省发展壮大农村集体经济先进基层党组织"等23项荣誉称号。

辽宁省凌源市

◆

"北方花都"首创中国百合博览园
文旅结合四季赏花 促进农民增收

一、案例背景

凌源市花卉产业已被辽宁省政府确定为"一县一业"重点扶持产业，被中国园艺学协会确定为"中国百合第一县"，"凌源百合"获得国家地理标志认证，被央视评为最受消费者喜爱的最具魅力农产品，2021年获

批以花卉为主的国家级现代农业产业园。在历届中国花卉博览会上，凌源花卉获得金奖、银奖、优秀奖300余个。

二、解决的主要问题

通过投资建成的中国百合博览园、精品花园、百合花海等项目，成了国内唯一能够四季随时观赏百合鲜花、全年展示百合品种500个以上的主题博览园。通过扶持百合自主育种企业，实现了百合种球组培和脱毒生产，并与辽宁省农业科学院、北京市农业科学院等院所的球宿根专家合作，培育出OT、LA系列高抗性优良品种20余个。通过与京东物流合作，实行鲜花冷链管理一体化模式，带动周边200千米范围内，辐射全国的冷链需求。**解决了产业规模不够、种球国产化进程慢、市场服务体系不健全等问题。**

三、主要做法

构建现代产业格局。凌源市委、市政府始终坚持以花为媒，依托创建"国家级现代农业产业园"的有利契机，新规划建设116平方千米的花卉产业园，现已完成核心区 8700 亩土地调规，计划投资 10.7 亿元，在核心区内建设花卉研发、集配、测试、展示中心，国家级百合种质基因库，打造面向东北亚地区的国际花卉交易中心、国家球根花卉种球研发基地、国家花卉产业融合发展示范区。目前，投资 1.4 亿元的中国百合博览园、精品花园、百合花海等项目已经建成，成为国内唯一能够四季随时观赏百合鲜花、全年展示百合品种 500 个以上的主题博览园。

健全产业链条模式。在销售上，除原有渠道外，凌源市与京东物流合作，实行鲜花冷链管理一体化模式，带动周边 200 千米范围内，辐射全国的冷链需求。集科技研发、品种引育、龙头集聚、数字化示范展示到产后的保鲜、分级、加工、包装、仓储冷链物流、电商销售的全产业链条模式正在加速形成。

党的二十大报告提出"全面推进乡村振兴"。下一步，凌源市将以党的二十大精神为指引，继续优化产业布局、调优品种结构、推进数字赋能，强力推进现代农业产业园建设，带动关联产业融合发展，把凌源市打造成集花卉种球研发、交易流通、示范性生产、文化旅游与花卉深加工融合发展的中国北方现代化基地，成为推动乡村振兴的"强力引擎"。

安徽省黄山市黄山区

◆

太平猴魁茶产业高质量发展引领茶旅融合
推动全产业链融合发展

一、案例背景

2021年，安徽省黄山市黄山区联合政府部门、生产企业及科研机构，共同组建了茶产业战略合作、开放型经济联合协作组织——太平猴魁茶产业高质量发展联合会（简称联合会）。打造了一批如最美智慧茶园、数字茶叶加工厂、朝代茶馆、猴魁小镇等优质项目，推动实现全产业链品牌化、优质化、数字化、可追溯化及茶旅融合发展。

二、解决的主要问题

联合会的建设，统一了企业及茶农茶园建设及生产加工过程标准、稳定了品质、拓宽了销售渠道。通过一批最美茶园、标准化示范厂、茶文化馆等一系列建设内容，提升了茶产业附加值，促进了茶旅融合发展，并带动了茶叶销售及农民增收。解决了茶叶品质不稳定、茶文化挖掘不够深入、茶文旅融合发展不足等问题。

三、主要做法

安徽省黄山市黄山区为认真贯彻落实习近平总书记关于"统筹做

好茶文化、茶产业、茶科技这篇大文章"的重要指示，深入贯彻实施省"两强一增"行动计划，促进茶产业全面转型升级，全力推动太平猴魁产业高质量发展。

探索融合发展。联合会联合企业打造茶旅融合示范点，加快全产业融合，积极探索茶产业融合新路径、新模式，不断延伸产业链。与会员企业黄山野猴茶业有限公司、黄山古诗里生态农业有限公司打造龙王山茶旅路线，"太平猴魁赏茶学茶养生之旅"获最美茶旅提名线路。"猴魁茶乡风情游"路线入选全国茶旅精品路线。

强化人才支撑。依托科技院校科研优势，着力解决太平猴魁制作短板弱项问题，为黄山区太平猴魁高质量发展提供了技术和人才支撑。以皖南试验站科技人才队伍为依托，邀请茶科技、茶文化专家先后举办多场技术培训，提升会员企业及茶农的茶文化知识及茶艺技能，为茶旅融合发展做基础。

引进现代设备。提升联合会绿色防控能力，打造最美数字化茶园。先后在高质量茶园建设虫情自动测报系统"远程虫情分析测报仪"、声波杀虫设备、自动气象监测设备、害虫性诱捕器，新设备新技术的运用不断提升黄山区茶园的生态环境。

创新文旅业态。打造朝代特色茶馆，联合会员企业原有门店及茶厂，以朝代茶文化为背景结合黄山区本地茶文化特色，结合优美的茶园风光，打造一批全新的品茶场景，并拍摄相关视频材料进行宣传，打造茶促文旅新业态。

江西省大余县丫山旅游度假区

---◆---

"三变三金"点绿成金 三产融合发展
走向共同富裕

一、案例背景

近年来，江西省大余县委、县政府积极践行习近平总书记"绿水青山就是金山银山"的理念，把乡村旅游作为乡村振兴的支柱产业，坚持绿色开发、可持续发展，走出了一条"乡村旅游共乡村振兴一体，绿色生态与经济发展齐飞"的绿色

发展之路。其中，大余县丫山旅游度假区是一个典型案例。

二、解决的主要问题

丫山旅游度假区所在村大龙村，积极开展农村集体产权制度改革，探索出了"三变三金"的发展模式，即"村民变员工、员工变股东、股东变老板"，村民足不出村就能实现"资源入股得股金，景区务工拿薪金，房地租赁收租金"。同时依托丫山丰富的生态资源，创意发展乡村"生态＋"

旅游，实现乡村旅游与一、二、三产业融合发展，生产生态生活融合发展。解决了村民创收渠道窄、生态资源利用率低等问题。

三、主要做法

"生态＋文化"。充分挖掘深厚历史文化元素，精心打造了禅宗文化、理学心学、全方位研学等六大文化基地。丫山旅游度假区被评为"首批江西自然教育学校（基地）"，并被授予"中国井冈山干部学院社会实践点"。

"生态＋运动"。大余与国家发改委国际合作中心合作完成《丫山运动休闲小镇概念规划》，同时引进动吧体育发展特色运动休闲业务。目前，已形成了五大类39种特色运动休闲产业集群项目，入选全国首批运动休闲特色小镇试点项目，荣膺国家级全民健身户外基地、国家体育产业示范单位等称号。

"生态＋康养"。引入养老、养心、养生、养性等业态，建设了丫山健康养老中心等康养项目和特色康养疗愈平台，构建完整康养业态，先后荣获国家居家养老示范基地、国家森林康养基地等称号，被认定为赣州市职工（劳模）疗休养基地。

"生态＋度假"。突出丫山生态美、人文美，打造清新、健康、舒适的度假生活方式。创意打造多个特色生态休闲乐园，被外界誉为"中国乡村版迪斯尼乐园"。

邱县红薯小镇旅游开发有限公司

"政府＋企业＋平台"孵化模式
实现"民俗、民宿、民艺"有机融合

一、案例背景

邱县红薯小镇旅游开发有限公司（简称红薯小镇）深度挖掘乡村人文历史，依据产业与资源禀赋联合产学研机构实现一、二、三产业的融合，并以原生态、多场景、可持续发展和全龄产品为核心理念，实现"产业赋能＋休闲旅游＋美丽乡村"三位一体的模式打造融合型农文旅产业。以集体空闲资源二次利用与盘活项目理念将原有村落改造为具有文

创底蕴、民俗民艺特色的创意生态群落，促进集体经济发展、增加就业岗位、提高人民生活水平。

二、解决的主要问题

红薯小镇坚持现代乡村可持续发展理念，以生态环境为基础，以属地文化为本源，以休闲度假功能为主导，以产业融合为手段，以高品质服务为保障，集休闲、度假、体验、文化、养生于一体，实现民俗、民宿、民艺的有机融合，带动当地发展。**解决了文化内涵挖掘不深、商业化开发不高、产业单一等问题。**

三、主要做法

建设支部书记研学基地。合作引进浙江达塘"早上好"精神和"家文化"理念，实现南北交流与资源互通，以农村党支部书记作为重点培训对象，着力打造融教学、体验、实训为一体的"早上好"支部书记研学基地，擦亮党支部书记学院品牌，打造华北基层党支部书记培训新高地。

打造融合发展模式。对红薯文化相关延伸品进行创作、设计、销售；打造特色红薯小镇，利用集体空闲资源进行田园乡居民宿文化板块和挖掘深层次红薯文化，健全红薯文化产业链条，带动红薯一产、二产发展，具体从以下三个方面体现：

产业赋能：依据产业与资源禀赋，赋能循环农业、数据农业和观光农业，联合产学研机构，完善一、二、三产业的融合。

休闲旅游：以原生态、强互动、多场景、可持续发展和全龄产品为核心理念，规划打造融合型农文旅产业。

美丽乡村：深度挖掘产业文化，充分融合人文历史，进行商业赋能的创意与创新。做到国土空间规划、上位规划和商业计划的高度融合。

推动品牌产业发展。通过"公司＋合作社＋农户"的模式，整合红薯小镇的"三粉"加工产业资源，打造品牌，以产业帮扶助力乡村振兴。

产城景融合 城乡一体
推进万盛旅游三次创业 做活农民增收文章

一、案例背景

近年来，重庆市万盛经济技术开发区坚持"全域旅游，全民共享"，立足资源禀赋、激活发展动能，推动文旅融合赋能乡村振兴取得有益实践，先后成功创建国家级旅游业改革创新先行区，中国优秀旅游城市，国家全域旅游示范区，全国休闲农业与乡村旅游示范区，全国农村一、

二、三产业融合发展先导区，国家体育旅游示范基地，获评"全域旅游精品目的地""中国民间文化艺术之乡""2022文化和旅游高质量优秀城市"。

二、解决的主要问题

一是优化了全域旅游环境。大力发展全域旅游，建成景区景点22个，全面提升了万盛经济技术开发区的交通、医疗、体育运动、商贸消费等各类配套设施和服务。二是提高了人民生活品质。推动文化旅游深度融合发展，常态化举办"苗族踩山会"等各类文化活动，基层公共文化服务设施覆盖率达100%，更好满足人民群众精神文化需求。三是带动了居民就业创收。大力发展"一村一品"特色产业，发展茶叶、食用菌等特色产业超过10万亩，建成西南地区最大食用菌生产线，文化旅游惠民富民成效不断彰显。**解决了旅游环境建设不完善、公共文化服务不足、群众收入渠道单一等问题。**

三、主要做法

做优宜居环境。 围绕产城景融合、城乡一体，编制《全域旅游发展规划》，实施万盛旅游"三次创业"，大力发展生态旅游、乡村旅游、研学旅

游等业态。"万盛清凉避暑休闲二日游"入选文化和旅游部、国家发改委推出的"体验脱贫成就·助力乡村振兴"300条乡村旅游学习体验线路。

做强特色产业。发展食用菌、茶叶、猕猴桃、方竹笋、生态鱼等特色产业10万亩，丰富农事体验、旅游观光、休闲度假等旅游产品，培育华绿食用菌、黑山红茶叶等特色旅游商品品牌5个，打造集种植、采摘、休闲、旅游观光为一体的农旅融合田园综合体6个，拥有西南地区最大食用菌生产线。"国家级非物质文化遗产金桥吹打""万盛苗族踩山会"入选全国乡村文化产业创新影响力典型案例。

做活增收文章。引导农民利用土地、林地、房屋等入股乡村旅游合作社、旅游企业，结合旅游发展自主创业，发展民宿、农家乐等旅游业市场主体1000余家，乡村旅游营业收入突破30亿元，旅游收入占农民年纯收入比重超过30%。《释放"旅游＋"乘数效应助推脱贫攻坚"强引擎"》入选国家发改委社会领域公共服务助力脱贫攻坚58个典型案例。凉风村入选全国乡村旅游扶贫示范案例。

广西壮族自治区北海市海城区

◆

"旅游＋产业"乡村振兴谱新篇
绘就"村美民富"新蓝图

　　广西壮族自治区北海市海城区围绕文旅赋能乡村振兴的发展思路，不断完善乡村基础设施建设，着力打造乡村文旅品牌，积极发展乡村旅游。持续实施人居环境整治行动，投入3500多万元，对村庄路、水、电、网络等基础设施进行改造提升，村庄绿化率超过80%。改造庭院69个，整修建设"微田园、微菜园、微果园"等共38处。坚持修旧如旧原则，保护和传承传统民居建筑文化。建设农耕学堂、农事旧物展览馆、研学基地等场馆，开展艺术家驻村等节事活动，引入珍珠、贝雕、古船木等非遗文化，开发富有文化内涵及乡村特色的研学课程。海城区大力发展"旅游＋农业""旅游＋文化""旅游＋体育"等"旅游＋"产业，依托国际观鸟、廉州湾鲸豚自然科考、国家美院丝路文创北部湾基地等资源，实现多业融合，赋能乡村振兴。年均接待游客15万人次，实现村民就业、稳定分红，村集体收入翻一番，树立了乡村旅新标杆。

四川省遂宁市安居区

深挖沼气文化资源 发展绿色循环产业
构建低碳赋能共同富裕的安居方案

　　四川省遂宁市安居区大力发展绿色循环产业，构建了低碳赋能共同富裕的安居方案。常理镇海龙村是安居区践行绿色发展的一个典型案例。海龙村隶属于安居区，近年来充分发挥独特沼气文化IP作用，制定农村"低碳社区"遂宁方案，率先在全国探索农村地区低碳排放技术标准，持续擦亮海龙村"中国沼气能源革命第一村"品牌。以"可再生能源替代"为核心，通过建设沼气集中供气工程1个、光伏生态停车场1200平方米、安装太阳能路灯120盏以及新改建沼气池248口，为周边农户及乡村旅游群众解决供气、照明、新能源汽车充电等问题。在壮大集体经济的同时实现年减碳263余吨。全面推行沼气技术利用、沼渣沼液还田、测土配方施肥等生态修复措施，有效减少污水垃圾无序管理的碳排放，夯实海龙村绿色生态基底。截至目前，累计接待游客100.9万人次，创旅游综合收入7063万元，2022年村集体经济收入达到282万元，人均可支配收入达到3万元。先后荣获全国美丽休闲乡村、全国民主法治示范村、全国乡村治理示范村、省级生态宜居名村等20余项中省市品牌荣誉，成为四川省唯一入选《中国农村人居环境发展报告（2022）》绿皮书典型案例。

Part 10

品牌兴农典型案例

PINPAI XINGNONG DIANXING ANLI

大力创建品牌，通过提升品牌的知名度和美誉度，增强地方或企业的影响力和竞争力，并取得显著成效。

辽宁农丰农业发展集团有限公司

"稻"法自然 用诚信成就金字招牌
让黑土地成为"黄金稻场"

一、案例背景

辽宁农丰农业发展集团有限公司（简称农丰集团）于2013年05月13日成立，总资产10239万元，主要经营粮食加工食品生产、水稻种植与销售等。同时，经营七彩农园项目，打造亲子研学农耕文化休闲农业旅游等。

2016年农丰集团产品在第十六届中国沈阳国际农业博览会上荣获优质农产品金奖，2021年荣获第十一届中国国际现代农业博览会金奖。2021年农丰集团荣获辽宁省农业产业化重

点龙头企业、国家级高新技术企业等荣誉。

二、解决的主要问题

农丰集团结合现代农特产品的生产、开发、线上线下交易、物流等环节，探索出一条信息化时代的"三农"之路，开展多层次的农业技术培训，培养一支新型"爱农业、爱农村、爱农民"的职业农民队伍；加大农业企业在资金补助支持，加强线上线下产供销一体化发展。**解决了农民对技术掌握不强、产供销体系不健全等问题。**

三、主要做法

严守质量安全底线。农丰集团以质量为核心的品牌发展战略，坚持以质量安全为基础，以良心道德为底线，严守从农田到餐桌的每一道防线。"民以食为天，食以安为先""食品安全是品牌之本""从每一粒米饭开始努力""做食品就是做良心""将消费者满意作为最高标准"……这些在农丰集团耳熟能详并口口相传的质量理念，无不彰显着公司多年来对产品精益求精、追求卓越的"工匠精神"。

推进现代农业建设。农丰集团作为省级龙头企业，国家级高新技术企业提供定制研发，发展特色农业，提供资金支持的同时也优于市场价格负责农产品收购，制定农业生产标准化。以合作社为纽带开展技术指导，提供生产技术服务，以家庭农场为基础进行土地流转，按标准做好适度规模的农作物种植。管理责任分明，专业化生产加工，分工明确，以大米为基础，积极推广大米产业化进程，优化资源配置，合作共赢，增强联合体抗风险的能力，拓宽农产品流通环节，制定标准，增加农户收益。

全产业链协同发展。农丰集团开展多层次的农业技术培训，培养一支新型"爱农业、爱农村、爱农民"的职业农民队伍。率先实现了原产地种植、原产地收购、原产地加工，保证了大米的高品质和纯正原香。此外，随着投资达亿元的农丰生产加工基地的建成，农丰集团也成为全国唯一拥有大米数字化生产车间的企业，通过打造种植、加工、销售一条龙的产业链，逐渐实现产供销一体化，推动一、二、三产业融合发展。

沽源有"藜"麦穗飘香
卓越品牌点燃乡村振兴"新动能"

一、案例背景

河北省沽源县14个乡镇藜麦种植面积达3.5万亩，占全国总种植面积的1/6，现已成为华北地区最大的藜麦育种、种植和加工基地。打造了"谷麦郎""华藜"等藜麦品牌，开发出近百款产品，年销售收入达5000多万元，带动全县3000多农户增收致富。北麦生态农业有限公司作为沽源藜麦产业龙头企业，依托年初级加工和精深加工两个厂区，在藜麦片、藜麦代餐粉、藜麦面条等基础上，逐步研发出了藜麦花胶、藜麦膳食粥、藜麦能量棒等高端产品，并通过"电商＋特色农业"模式实现了本地农产品产销一体化。目前，沽源县正在与中国科学院、国家半干旱研究中心共同打造"中国藜麦第一县"，力争3～5年内，将沽源藜麦打造成为国内一流品牌，推动沽源藜麦走出中国、走向世界。这是沽源藜麦产业发展的未来图景，也是沽源县高质量发展的新时代宣言。

二、解决的主要问题

沽源县将藜麦产业作为调整优化农业产业结构和助推乡村振兴的特色优势产业，从扩大种植规模、延伸产业链条、强化品牌创建、拓展销售渠道等方面，在政策、资金、技术上给予重点扶持。**解决了产业链条不完善、种植技术落后、销售渠道单一等问题。**

三、主要做法

拓展网络销售渠道。藜麦丰收了，销售却变成了棘手问题。藜麦作为全营养的"黄金食品"，消费人群并不大，基本集中在大城市的高端人群。为了打通藜麦的销售渠道，北麦生态农业有限公司通过电子商务，网络销售，让藜麦走上了全国各地人们的餐桌。

加强科学技术指导。"科学技术是第一生产力""授人以鱼不如授人以渔"，为了提高贫困户种植藜麦的产量，邀请有关专家和有种植经验的种植大户，组织了3场"田间课堂"，在藜麦地里现场培训指导，现场答疑解困，许多农户在种植过程中出现的问题有了答案和解决的办法。藜麦种植技术提高了，销售问题也解决了。

完善升级产业链条。2020年，围绕藜麦深加工建设项目，拓展产业升级，新上3条生产线，用于藜麦米、藜麦面粉、藜麦片等的深加工，日产量达到了30吨，进一步完善藜麦的产业链，推进藜麦加工业做精、做细，有效提升了藜麦产业的效能和市场竞争力。

构建增收长效机制。2021年，藜麦的种植面积扩大到2.5万亩。同时沽源县与中国农科院等科研院合作，又引进了藜麦新品种，并以"北麦生态农业有限公司"为龙头，建立了"企业＋基地＋农户"的发展模式，采取土地流转、入企务工、订单收购、入股分红等形式，多渠道带动农民增收致富。既"授之以鱼"又"授之以渔"，将脱贫攻坚与发展当地特色产业紧密结合，构建了"输血＋造血"的农户持续增收长效机制。

如今，藜麦已经成为沽源产业结构调整中的"阳光产业"，也成为传统农作物的替代物种之一，让老百姓的富裕之路越走越宽广。

广东省梅州市梅县区农业农村局

◆

中国金柚之乡的甜蜜产业
果实全效利用施展品牌魅力的典范

一、案例背景

近年来，梅县区农业农村局把金柚产业作为实施乡村振兴的重要抓手，大力实施梅县金柚提质工程，从源头把控品质、拓宽销售渠道、多元延链强链、产业园区建设等方面发力，持续培育壮大金柚产业集群，推动梅县金柚做优品质，促进一、二、三产业深度融合，实现了业兴民富。梅县区先后获评"绿水青山就是金山银山"实践创新基地，入选首批国家农业现代化示范区创建名单。

二、解决的主要问题

梅县区在实施乡村振兴战略，做大做强金柚产业方面取得了明显成效，但还存在一些短板和不足。本地政府通过宣传登陆中央电视台、广东卫视等重头栏目，打响梅县金柚的品牌知名度，成功开拓了长沙、云南、西安等多个营销渠道，开发了北京新发地、上海西郊等大型批发市场。**解决了品牌知名度不高、北方市场接受度低等问题。**

三、主要做法

开拓大市场。坚持"匠心种好柚，品质赢市场"，积极实施金柚"12221"市场营销行动，"巡回推介""产品展销"等专场活动，实现渠道更多、品牌更响、卖价更高、效益更好成效。

强化大科技。聘请邓秀新等18位专家为柚果产业发展顾问，引进中国农业科学院柑桔研究所等6家省级以上科研单位，在金柚品质提升、品种改良、精深加工、装备研发、智慧农业等方面开展技术合作，共培育金柚深加工企业12家，全国首条柑橘提取柚苷生产线试产成功，成功研发药用柚苷、柚苷二氢查尔酮等5项生产工艺。

做强大品牌。大力实施"企业品牌""区域品牌""长寿品牌"三位一体品牌提升工程。做到省农业名牌产品、有机农产品、绿色食品等100%纳入国家农产品质量安全追溯管理平台监管。2019年"梅县金柚"区域公用品牌评估价值113亿元，位居全省第一。"梅县金柚"获国家农产品地理标志认证。

　　建成大数据。以科技赋能推动梅县金柚产业现代化，建成38个金柚物联网种植基地、1个大数据综合服务平台和1个金柚智慧科技展示中心，提升"互联网＋农业"的大数据应用与公共服务能力。

叫响"晋乡秦壁"区域公共品牌
壮大"三区"同建村集体经济

一、案例背景

秦壁村地处山西省洪洞县城东南,洪崖古壁之下,北临涧河,毗邻霍侯一级公路,是典型的城郊村。以种植黄瓜、大葱等蔬菜为主。先后荣获"全国先进基层党组织""全国民主法治示范村""全国绿色小康村""中国蔬菜特色村""山西省最美旅游村""中国十大最美乡村""中国美丽休闲乡村",是全县乡村振兴示范创建的排头兵。

二、解决的主要问题

　　秦壁村乡村振兴示范创建工作已经全面完成，各项工程已经竣工并投入使用，初步形成了村南部农业生态循环产业园区、村北部高科技工业园区（洪洞经济技术开发区）、村中心生活服务区"三区"同建格局。通过智能化发展提升改造农贸市场和农业产业园环境，延长产业链，提升价值链解决了特色产业不鲜明、农产品深加工不足的问题。

三、主要做法

　　产业兴旺方面：通过拓展产品包装、仓储物流，冷链保鲜等二产发展，为劳动力务工就业提供市场，增加务工收入；通过改造草莓、樱桃等产业园、为休闲农业、农旅文旅融合打好了基础，目前秦壁村已注册"晋乡秦壁"商标。

　　生态宜居方面：实施村容村貌街巷整治"五化"提升，即绿化、美化、亮化、净化、人文化；设计秦壁地标"向前葱"Logo；建成党建文化广场，成为农民的休憩地、农旅文旅的打卡地。

乡风文明方面：建设村史馆、文化墙、新时代文明实践中心、农家书屋，让农民讲好秦壁故事，做到线下有故事，线上有产品。

治理有效方面：以党建为引领，打造五级微网格、积分制，利用农村生活垃圾分类积分超市等措施，探索建立法治、德治、自治相融合的治理体系。

生活富裕方面：通过产业融合发展，使村集体经济实现大幅提升，让村民实现在家门口就业增收。2022年年底，该村集体收入由2021年年底的60万元提升至100万元，村民人均纯收入由2021年年底的1.7万元提升至1.8万元。

社会事业发展方面：围绕养老护理、公共便民，对村内老年日间照料中心进行升级改造，打造公共洗浴中心、理发店、公共洗衣房等设施，提升农民的幸福指数。

打造沃柑品牌创新发展模式
百亿甜蜜产业激活富农"一池水"

　　南宁市武鸣区位于广西壮族自治区中南部，总面积3389平方千米，辖13个镇、220个行政村（社区）。武鸣区于2012年开始引进沃柑品种，利用地处亚热带季风气候区、无霜期长的环境优势，种出的沃柑糖分高达15度、糖酸比28以上，外形、颜值均优于其他地区，是全国最优质柑橘品种之一。经过10年的耕耘，武鸣沃柑种植面积超过46万亩，产量达150万吨，成为名副其实的百亿水果大产业。为解决新品种标准化生产和全产业链体系建设，武鸣区制定了一系列沃柑发展实施规划及惠民政策，通过示范创建、企业带动等抱团发展模式调整产业结构打通销售渠道，助推武鸣沃柑全产业链发展；解决了产业结构不合理、产业链体系建设不完善、发展模式不清晰等问题。作为武鸣区脱贫致富的支柱产业，武鸣沃柑不仅是农民增收的新渠道，更是乡村振兴的新动力。

内蒙古自治区乌海市文体旅游广电局

打造"世界沙漠葡萄酒之都"品牌IP
邀各界朋友来沙漠看海 品红色温柔

　　内蒙古自治区乌海市地处世界葡萄种植的黄金地带——北纬39°，是国内葡萄酒最佳产区之一。近年来，乌海市文体旅游广电局以葡萄和葡萄酒为核心推动三产融合发展，打造了一批沙漠原生态葡萄酒庄，全市现有葡萄酒商标的企业7家，葡萄酒年生产加工能力14300余吨，位居自治区同行业之首。阳光田宇国际酒庄被评为国家AAAA级旅游景区；汉森酒庄、吉奥尼酒庄分别被评为国家3A级旅游景区。"乌海葡萄"成为国家地理标志证明商标，是世界沙漠葡萄酒大赛永久举办地。2020年2月，乌海葡萄产区被认定为第三批中国特色农产品优势区，品牌价值达10.44亿元；海勃湾区千里山镇和海南区巴音陶亥镇分别于2019年和2021年被列入全国农业产业强镇示范建设名单。乌海市打造了世界沙漠葡萄酒文化旅游节，活动旨在全力推进全域旅游、四季旅游，打造以乌海为目的地的黄河文化沙漠葡萄酒主题旅游线路，推出多样化的生态文化旅游产品和服务。

湖南十八洞村酒业有限公司

酿造十八洞村美酒 助力乡村产业振兴

　　湖南十八洞村酒业有限公司位于湖南省湘西土家族苗族自治州花垣县。湖南十八洞村酒业有限公司多渠道布局，充分结合存量、全国市场渠道商、全国近80家深入合作的各省级商协会核心资源及全国可覆盖超800个以上的销售终端，构成全面的市场销售规模。在当前经济下行情况下，以消费侧升级为方向，步步为营，稳扎稳打，计划于2023年年底完成上亿元的市场销售规模，有望为花垣县税收贡献为1350万元左右，且随着产品迭代升级与市场进一步拓宽，将持续为新花垣经济发展做出积极的贡献。湖南十八洞村酒业有限公司严格遵守国家法律法规及市场化原则逐步进行运营，本着在乡村振兴大时代背景下践行产业振兴的发展理念，以"产业造血赋能创新创业，百企输血助力乡村振兴"为落地方针，引导社会力量持续扩大对花垣县、湘西州的消费帮扶，形成"可复制、可推广"的乡村振兴"花垣模式"。

　　湖南十八洞村酒业有限公司在乡村振兴国家战略的召下顺势而生，由湖南德农科技集团有限公司与贵州坊上坊酒业有限公司联合发起。核心发起股东贵州坊上坊酒业隶属仁怀市茅台镇爱心酒业集团，位于仁怀市茅台镇7.5平方千米核心产区，占地面积25万平方米，企业现有职工350余人，技术人员50余人，酒师10余人，拥有国家级调酒大师徐强等核心专业团队，被评为仁怀市白酒行业规模企业和茅台镇白酒酿造十强企业。

江门丽宫国际食品股份有限公司

专注陈皮产业链"新会陈皮第一股"

江门丽宫国际食品股份有限公司经营新会陈皮20多年，是唯一经营新会陈皮挂牌上市的企业，打造了"丽宫""侨宝"自主品牌。20世纪90年代开始，丽宫食品探索新会陈皮品牌发展之路，通过品牌带动和深加工研发才能提升产品价值，促进市场销售。"侨宝新会陈皮""侨宝柑普茶"获评为广东省名牌农产品。品牌宣传推广方面，通过CCTV、高铁冠名"侨宝陈皮号"等手段，借"中国速度"高速推广新会陈皮。2015年丽宫食品整合集团资源，先后打造丽宫新会陈皮现代农业产业园，利用丽宫食品龙头企业的品牌影响力，促进新会陈皮实现区域化布局。2022年丽宫食品以品牌带动新会柑种植面积达7000多亩，带动农户就业5000多人，带动农户年增收1600多万元。

河南连福记食品有限公司

数字化经营革新传统经营
品牌化发展助力带动大产业

　　河南连福记食品有限公司成立于2020年7月，位于河南省新乡市获嘉县产业聚集区，是一家集研发、生产、销售为一体的包子系列食品加工的高科技企业，注册资金1000万元，占地5000平方米，年生产规模12000吨。公司将以"立足服务'三农'思路，拓宽乡村振兴新路，铺人民生活幸福路，创获嘉全国知名路"思想为指导，以"服务'三农'、富裕农民"为使命，积极导入现代化企业管理和科技创新，将公司打造成为食品行业专精特新的知名企业。公司达产后将实现销售收入2亿元，直接带动周边村民500多人就业，间接带动3000多人就业致富，为带动地方经济社会发展做出贡献。

Part 11

特产富农典型案例

TECHAN FUNONG DIANXING ANLI

做好"特"字文章，通过发展特色产业和特色美食等促进地方经济发展和农民富裕。

海南农垦母山咖啡有限公司

发展"零碳"咖啡特色产业
携手当地咖农共同富裕

一、案例背景

海南农垦母山咖啡有限公司（简称母山咖啡）位于海南琼中县原大丰农场，拥有面积2216亩的咖啡园，承担着整合和振兴海南农垦咖啡产业的光荣使命。母山咖啡公司，主要经营咖啡育种、种苗培育繁殖、规范种植、烘焙加工和销售、产品研发与应用、咖啡周边产品开发、咖啡贸易以及咖啡文化康养旅游等多元化产业。

二、解决的主要问题

随着咖啡消费进一步普及，消费人群不断扩大，我国咖啡市场进入快速发展阶段，咖啡市场扩容，行业利润率充足，但是始终存在咖农回报率低、传统种苗生长周期缓慢、深加工水平能力不足、缺少品牌建设，无法发挥品牌效应等问题。**重点解决咖农积极性不高、整体经济效益较低，咖啡产业化进程缓慢的问题。**

三、主要做法

加强科技研发，研发高质量新品种。母山咖啡以科技赋能产业，经

过几代人深入研发，培育出"大丰1号"新品种，在保留罗布斯塔原生豆的基础上，抗病虫害能力、浸出率高等方面有质的飞跃。为了从源头上确保咖啡品质的优越，母山咖啡对阳江农场大丰片区的咖啡种植户进行"大丰1号"的推广，说服农户改种产量更高品质更稳定的"大丰1号"咖啡，主动为当地贫困户提供了免费领取种苗、学习种植技术、专人指导管理以及保底收购等保障，稳扎稳打发展咖啡种植产业。

创新管理方式，提供高质量技术服务。在"统分结合、共同参与、共担风险、共享利益、共建共赢"的管理模式下，保证前端咖啡种植收益，咖啡种植基地再让出部分利润给周边的贫困职工，由职工管理咖啡种植端，基地提供技术支持和技术服务，收购咖啡鲜果，解决职工技术难题和销路难题。

打造品牌特色，助推咖啡消费转型升级。依托优质的自然生长环境、悠久的种植历史以及海垦控股集团打造的"品牌强垦"战略，母山咖啡针对不同的消费群体，开发出了咖啡豆、咖啡粉和挂耳咖啡、速溶咖啡等四大系列15个产品，被赞为"浓郁扑鼻的焦糖、醇厚而回甘的余味、丰富的奶油、巧克力、榛果及特有而淡淡的麦茶香气"，完全颠覆了罗布斯塔咖啡留给人们嗅觉和味觉上的"麻袋、泥土、橡胶和苦涩味"。在2022年海南省第七届旅游商品设计大赛暨"海口印记"特色旅游商品设计大赛中，母山精品挂耳咖啡礼盒荣获金奖。2023年4月12日"母山咖啡"与印度尼西亚最大的咖啡贸易企业"火船咖啡"合作首店正式亮相，双方以本次品牌联合为契机，携手助推我国咖啡消费转型升级。

吉林酋盛达农业科技有限公司

◆

坚守科技无抗养殖 推广倡导健康理念

一、案例背景

吉林酋盛达农业科技有限公司（简称酋盛达）实现了规模化畜禽无抗生产体系的建立和推广，获得了吉林省科技厅重大科技成果转化项目立项支持，被专家评审为"国内领先水平"，并获得美国NSF无抗饲

养认证，动物福利养殖认证、SQF体系认证、中国质量生产认证中心HACCP体系认证等权威认证。

二、解决的主要问题

酉盛达联合吉林农业大学、长春中医药大学等专业院校，通过植物因子萃取技术制成蒲苹植物提取物，应用到功能食品和无抗饲料中，"蒲苹"中药饲料添加剂已获得畜牧局审批。酉盛达独有的无抗养殖模式，成为真正将无抗技术用于工厂化规模化养殖肉鸡的探索企业；创立的"千百禾"品牌，也成为中国大健康产业的知名品牌。**解决了动物饲养杜绝抗生素添加的科技难题。**

三、主要做法

引进人才技术，加快企业转型升级。酉盛达重视引进各类高级技术人才，并投入大量资金，研发无抗养殖技术，在企业改制转型升级或引进先进技术和高精尖缺人才方面业绩突出，申请发明专利两项。其中一项专利名称是"一种具有抗菌抗病毒作用的中药组合物及其制备方法"，应用专利号为201910852959.0；另一项专利名称是"一种组合物、其制备方法及其在制备禽类饲料添加剂中的应用"专利号为201910852506.8。

推进公益助农，带动周边农户发展种养产业。对贫困户走访，提供慰问物资，帮助修缮住房等问题，提供资金约10余万元。疫情防控期间积极捐赠防疫物资，提供防疫设施，并为防疫单位和个人捐助企业产品，疫情累计捐赠物品达50余万元，受到政府表彰。

加大自主创新力度，取得研发成效。获省级农业产业化重点龙头企业称号；天然植物添加剂（蒲苹提取物）用于优质肉鸡生产中关键技术研究被确认登记为吉林省科技成果；蒲苹饲料添加剂项目在第六届"创客中国"吉林省中小企业创新大赛中荣获企业组优胜奖；蒲苹无抗饲料添加剂研发推广项目荣获第八届"创青春"晋升青年创新创业大赛科技创新专项赛（成长）组铜奖等。

劲仔食品集团股份有限公司

◆

建立乡村振兴长效机制 在高质量发展中扎实推进共同富裕

一、案例背景

劲仔食品集团股份有限公司（简称劲仔食品）是湖南省平江县"引老乡回故乡建家乡"的重点项目。创始人周劲松于2015年回到当时的国家级贫困县平江县，在伍市镇建设休闲鱼制品生产基地，将湖湘名菜平江火焙鱼做成口袋零食劲仔小鱼，实现了传统美食的产业化和规模化发展，并以产业发展助推精准扶贫和乡村振兴。2016—2022年，劲仔食品累计实现营收63.45亿元，创造利税总额达12.40亿元，通过就业、订单和帮扶等形式累计带动农户增收约23亿元，带动上下游产业链数百亿元。截至2023年1月，劲仔小鱼已实现热销90亿包，出口日韩等28国。如今，休闲食品已成为平江支柱产业，平江被认定为"风味鱼制品集散地"。

二、解决的主要问题

乡村振兴并非一蹴而就，短期需要解决农民的收入问题，而更为重要的是建立长效振兴机制。劲仔食品以产业振兴和人才振兴为抓手，不断创新思路和做法，将短期目标和长期目标相结合，打造乡村振兴长效机制，让乡村和企业共赢。**解决了缺乏长效机制保障乡村振兴可持续发展的问题。**

三、主要做法

授人以鱼，更要授之以渔。劲仔食品是为数不多落户乡镇的上市企业，被誉为我国"鱼类零食第一股"。劲仔食品先聘用当地农民，通过提供就业的方式提高其经济收入，同时对其进行专业技能培训，让其拥有一技之长。2022年，劲仔食品新增就业岗位500个，员工人数超2200人，在岗农村户籍员工占比约50%，员工人均培训时长约17小时。

打造长效机制，让村企共赢。劲仔食品不断探索与农户利益联结的合作方式，通过产业链助力乡村振兴。劲仔食品坚持采用"公司+基地（合作社）+农户"的管理运行机制，每年订单联系基地面积约20000亩，带动农户约10000户，促进了农业产业化发展。同时，劲仔食品为基地农户进行技术培训、基地就业等全面支持，惠及"三农"，带动了区域性种植产业的发展。劲仔食品成立乡村振兴项目组，通过实地走访，结合企业资源与当地农村资源，精准助力乡村振兴。

人才振兴，重在教育。乡村振兴离不开人才，而人才的培养离不开教育。乡村教育事业的发展，是乡村振兴战略的重要支点。劲仔食品早在2013年便设立了爱心慈善基金，积极参与乡村教育、扶贫振兴、健康助残等公益活动；2022年，首次设立劲仔奖教奖学金，全年捐款95万元用于乡村教育事业，用爱心点亮乡村孩子的梦想。截至2022年年底，劲仔食品已累计实现各类捐赠超1200万元。

秦皇岛美烨食品有限公司

◆

抓投资 上项目 促发展
跻身预制菜万亿蓝海新高地

一、案例背景

秦皇岛美烨食品有限公司（简称美烨食品）始建于2009年10月，现位于秦皇岛昌黎工业园区，是河北省秦皇岛市重点龙头企业以及河北水产品出口企业联盟主席单位。该公司所用设备设施均按出口食品生产企业注册卫生规范要求设计安装，已通过美国FDA、英国、欧盟登记备案，通过HACCP体系和BRC认证。主营业务以水产品加工、出口、销售为主。

美烨食品生产加工所需的海鲜原料主要以昌黎县当地所产的新鲜章鱼以及扇贝为主，与当地捕捞养殖农户关系密切，每年产季美烨食品采购部门都会与养殖户进行沟通，并了解当地渔民难处。昌黎县所产的海湾扇贝是国家地理标志产品，也是美烨出口的重要原料之一。同时，美烨食品正在与秦皇岛抚宁区天马湖生态风景区洽谈合作，将以天马湖有机鱼为原料，合作研发出一系列有机海鲜预制菜，以帮助天马湖鱼打开销路打响品牌。

二、解决的主要问题

天马湖是秦皇岛著名国家级生态景区，其旖旎清新的自然景观远近闻名。但鲜为人知的是，天马湖也盛产鱼类产品。天马湖水面2万多亩，年产鱼50多万千克，全部是自然生长，没有饵料喂养。天马湖鱼的销售目前面临上升瓶颈，急需扩大影响力和销路。而美烨食品规划以天马湖场地鱼为原料，打造"无小鲜"品牌特制烤鱼，主打绿色天然健康的产品理念，挖掘健康食品研发，希望带动当地渔业的良性发展。**重点解决了宣传途径和后期销售渠道等问题。**

三、主要做法

加大研发力度，突出原产地特质。美烨食品现与秦皇岛天马湖渔业有限公司已达成初步合作意向。为了更好地了解研发原料，美烨食品的生产研发技术总监多次带队到天马湖生态产地进行实地考察，现场捕捞天马湖鱼进行实验品尝。首先是为了确保核查天马湖鱼的质量品质问题。其次是为了了解天马湖鱼生产习性以及口感特点，为了之后口味研发更能突出产品特质。

明确研发方向，突出当地特色。在之后的研发方向上，美烨食品将根据调研的原料口感与特质，率先研发出当地口味版的炖鱼产品。在秦皇岛当地，炖菜是当地特色菜系，八爪鱼炖肉以及山海关荤锅是游客来秦皇岛的必吃选择。美烨食品希望将天马湖鱼与当地菜系相融合，利用自身优势，研发出新品预制菜，与市场上其他鱼类预制菜差别开来。烤鱼也是研究的主要方向。如今中国预制菜市场烤鱼产品众多。美烨食品前期已经做了市场调研，将竞品烤鱼与美烨烤鱼进行多次对比测试，以期研发出口感更好肉质更嫩的烤鱼。

拓展渠道推广，突出讲好品牌故事。在之后的渠道推广上，美烨食品与天马湖合作的鱼类预制菜成品上市后，美烨食品将同时负责后期的销售。美烨将在线上线下全渠道同时推广这一系列产品，并根据天马湖生态区历史背景写好品牌故事，打造又有品质又有内涵的特色鱼品预制菜。其产品将在线上登陆美烨旗下的天猫、拼多多、抖音官方旗舰店，美烨食品专属主播也会对这一产品进行每日轮播进行推广。线下计划是先立足当地市场，由此扩散至全国。

◆

跨越山海
把小烧饼、土爽面做成富民的大产业

浙江省缙云县位于浙南腹地，特产缙云烧饼、缙云土爽面蕴藏着缙云的风土人情。缙云县成立"缙云烧饼"品牌建设领导小组办公室和缙云县缙云烧饼协会，每年安排500万元专项资金支持缙云烧饼品牌建设，缙云烧饼先后获得了中餐特色小吃、全国乡村特色食品、中华名小吃、首届中国旅游金牌小吃、浙江省十大农家特色小吃等荣誉称号，缙云烧饼注册地理标志证明商标和欧盟商标，缙云县被评为浙江小吃之乡和小吃文化地标城市，2021年，缙云烧饼制作技艺列入第五批国家级非物质文化遗产名录。2022年，缙云土烧饼产值30.2亿元，同比增长11.9%，从业人员2.4万人。缙云土爽面是一种流行缙云境内及周边县市极具地方特色的传统食品。缙云土爽面以古法传承、原麦制作，经上箸、拉条等14道工序和5次发酵制作而成。2022年年底，缙云土爽面产值达到2.6亿元，同比增长8.3%，从业人员达7000人，累计培训缙云土爽面师傅2461人。

自贡壹品康商贸有限公司

带动村民致富
让肉兔产业"兔"出重围

自贡壹品康商贸有限公司是一家线上线下相结合、主营自贡特色美食的企业，其中手撕兔是公司招牌产品。公司致力于帮助周边村民就业致富，宣传家乡产品。响应乡村振兴是民营企业的责任和义务，2023年2月，自贡壹品康商贸有限公司向四川省自贡市自流井区仲权镇捐赠首批价值20万元的兔苗，并且提供技术指导，承诺以高于市场价进行回收，希望提高乡亲们的收入，为乡村振兴做出自己的贡献。

山东鲁海农业集团有限公司

传承胶东美味 新农人"直播带货"
助力创产增收

山东鲁海农业集团有限公司（简称鲁海农业集团）东眺黄海万顷波涛，背依莱阳"绿色食品之城"，是"省农业产业化龙头企业""国家冷链物流定点企业"。鲁海农业集团成立30多年以来，以"富农""利农""惠农"为愿景，利用集团产业优势，通过果蔬种植技术扶持、企业专业岗位培训，农资信贷支持等方式，带动农民脱贫致富，在山东、云南、陕西等地，建立优质水果、绿色蔬菜基地1万余亩，吸收当地农民3000人，带动1000多户农村家庭脱贫致富。通过建立电商直播平台，培养了一批农村电商主播，实现了从田间地头、工厂加工到百姓餐桌的直接链路。集团依托丰富的绿色农业和大海捕捞渔业资源，以农产品加工为基础、海产品加工为主导，集加工、商贸、冷链物流于一体。

珠海市祺海水产科技有限公司

◆

用现代科技创新非遗工艺
扩大销售半径富农兴农

珠海市祺海水产科技有限公司成立于2014年7月28日，主要生产加工白蕉海鲈鱼、金目鲈鱼、珠海大黄鱼、彩虹斑鱼等优质水产品，占地面积3300平方米，日产能达到20吨，有原料自动分选机、自动去鳞杀鱼机、滚动双辐半自动真空机、托盘式成品自动分选机、气泡式清洗机、独立的实验室等一系列生产配套设备，2016年被评为高新技术企业。白蕉海鲈鱼是中国地理标志保护产品，是珠海市斗门区白蕉镇养殖户的主要经济支柱，祺海公司拥有自主商标品牌"鲈鱼公馆"，还通过了ISO9000质量管理体系、ISO22000食品安全管理体系认证、HACCP食品生产体系认证。珠海市祺海水产科技有限公司的腌制技艺，于2022年被评为非物质文化遗产保护传承技艺。

浙江艾佳果蔬开发有限责任公司

◆

全产业链创新
推动胡柚产业高值化、绿色化、数字化、融合化

　　浙江艾佳果蔬开发有限责任公司（简称艾佳果蔬）成立于1999年，坐落于浙江省衢州市常山县，是国家级重点农业龙头企业，全国脱贫攻坚先进集体。艾佳果蔬长期从事各类名、特、优、新农产品的研发、种植、采收、加工及销售，通过整合全国优质产区果蔬资源，为消费者提供安全高品质的农产品和食品。常山县"三宝"之一的常山胡柚，是中国国家地理标志产品，在常山县拥有600多年的栽培历史，是常山县农业农村的主导产业。艾佳果蔬自2015年招商引入常山县以来，以振兴常山胡柚产业、促进柚农增产增收为己任，依托常山胡柚原产地资源，建高标准生产基地、建数字化选果中心、建大型冷库和深加工生产线，联合高校院所研发胡柚新产品，全产业链创新驱动，推动胡柚产业向高值化、绿色化、数字化、融合化方向发展。

丹东市正润食品有限公司

致力于"杂色蛤"产业
特字当鲜 产业兴农

　　丹东市正润食品有限公司是坐落于辽宁省丹东市的本土企业，是发展当地区域特色水产品"杂色蛤"养殖、捕捞、加工、销售、的水产加工企业，公司已通过AEO海关高级认证，ISO9001《质量管理体系》等多项认证，并取得欧盟、美国、韩国、印度尼西亚、越南等国家和地区的注册权，产品远销国际市场。企业增产增收的同时，始终不忘社会责任，多年来一直致力于周边地方经济发展和本地农民增收。随着企业不断壮大，目前已为本地农民解决就业400余人，扶植水产品养殖户1000余户，为他们提供种苗和养殖技术，并签订养成收购协议，惠及农户增收10万～20万元。

Part 12

电商助农典型案例

DIANSHANG ZHUNONG DIANXING ANLI

庆阳智赢达原生态农业有限公司

◆

开拓以统战工作促直播电商的
"村村播＋村村统"新模式

一、案例背景

随着电子商务在农村地区的迅速普及，农村地区经济发展中对电商的依赖加深，农村电商经济在拉动经济增长中有显著成效。2023年伊始，庆阳智赢达原生态农业有限公司（简称智赢达公司）与村村播工程展开深入合作，同时联合庆阳市统战部，积极推动网络统战工作与村村播工程的深度融合，开拓了以统战工作促直播电商的"村村播＋村村统"新模式。

二、解决的主要问题

智赢达公司依托华池县独特的区位优势和环境优势，以庆阳为中心大力发展花菇全产业链特色产业项目，同时不断聚集各方资源对产业进行赋能，凭借高品质花菇以及全产业链模式，有效解决了甘肃农产品竞争力不强，特别是生产、加工、流通等环节衔接不紧密，一、二、三产业融合深度不够的问题。与村村播工程的深度合作，弥补了甘肃省农产品电商产业起步较晚、规模较小等不足。

三、主要做法

组织线下培训，培养懂网"新农人"。 组建专门专业的培训机构，组织集中大型培训、分行业分领域组织培训、巡回乡村培训乡村振兴"新农人"，形成庆阳农民"白天干活晚上上网"直播买货、卖货的"家家点灯、户户冒烟"的新农村新景观。

建立网络平台，拓展培训覆盖面。 建立网络培训平台，根据市场需求和网民特点，分领域、分类别组织建立个性化网民培训班，成为懂网络、会直播、善运营的"新农人"，实现产才融合，赋能乡村振兴。

成立联盟基地，助力网络统战工作。 通过成立联盟、打造基地、开展直播大赛及培训活动、直播效益考评等，适时组织全国或全省的经验推广交流会，力争在全国推动形成庆阳网络统战工作品牌形象，共同推进"村村播＋村村统"联合试点的实施落地。

贵州省贵阳市花溪区

◆

以"花小莓"品牌为载体
优越生态为底色 打造高原种苗培育

一、案例背景

2020年9月，为将花溪草莓产业做大做强，促进全产业链发展，按照"鲜莓有机、农旅融合"的总体要求，贵州省贵阳市花溪区委、区政府启动草莓产业提升工程，实施"一扩大六统一"工程。在花溪区农业农村局授权下，花溪草莓"花小莓"作为首个农产品区域公用品牌应运而生。目前，"花小莓"种植面积达3000余亩，年产量达4500吨，产值达2.5亿元，直接带动农户达150余户，常年解决就业1100人，带动当地农户务工13万人，带动农户工资收入达1980万元，草莓鲜果种植已然成为花溪区乡村振兴的主导产业之一。

二、解决的主要问题

花溪区委、区政府高度重视草莓产业发展，形成"园区＋科研院所＋公司＋合作社＋基地＋农户"的运作模式，围绕"科技引领、数据赋能、标准生产、示范带动"建设理念，通过强化顶层设计、强化队伍建设、抓实项目建设、抓实质量管理，搭建起"花小莓"品质鉴定、产品溯源系统。通过实施草莓标准、质量、品牌、安全"四大提升"行动，高质量发展草莓产业，**解决了花溪区草莓产业标准、管理、销售不统一的问题。**

三、主要做法

在产业品牌化方面，积极与中国绿色食品有限公司等合作开发"花小莓"休闲系列产品展线上销售工作，在2021年贵州省农产品区域公用品牌短视频大赛中，"花小莓"以200多万的话题播放量位列全省参赛品牌第一名次。2022年，贵州财经大学以"花小莓"为项目主题，参加全国大学生"互联网+"创新创业比赛，获得省级金奖，并将其作为大学生创新创业案例在中国－东盟教育交流周活动中进行展示。

在销售多元化方面，目前已自有淘宝官方旗舰店、直播间、公众号、小程序、小红书等，进一步畅通了草莓线上销售渠道。"花小莓"产品打通了三产市场销售渠道，逐步完善产品销售体系。2022年以来，"花小莓"搭上电商快车，由贵阳筑南商贸有限公司牵头主办，集合花溪区各农产品商户及企业联合举办"花小莓"首届直播年货节，采用"集供直销"的方式，通过直播带货的消费新模式，以优质产品为载体，以安全品质为核心，以消费需求为导向，以此激发新消费模式的经济增长。

在质量安全化方面，通过打造种苗、科研、加工、物流、包装、销售、电商等全产业链的现代农业产业示范区，搭建"花小莓"品质鉴定、产品溯源系统，推动花溪草莓产业各环节有章可循、有迹可循，保障花溪草莓的品质安全。

河北省清河县羊绒小镇综合管理中心

◆

聚集国内外羊绒客商
实现普通农民向"电商农户"的转变

一、案例背景

清河羊绒起步于1978年，历经40余年的发展，已经成为全国最大的羊绒原料加工集散地、全国最大的羊绒纺纱基地和全国重要的羊绒制品产销基地，先后被国家有关部门授予"中国羊绒之都""中国羊绒纺织名城"等称号。

二、解决的主要问题

打造羊绒小镇既是清河县羊绒产业转型升级的需要，也是城市、生态和文化发展需求。清河羊绒发展近四十年，已成为全国最大的羊绒产业集聚地，年经销羊绒量占世界的40%、中国的60%，产值达到200亿元，被誉为"中国羊绒之都"。羊绒小镇投资26亿元全力打造的"羊绒小镇"，将产业、城市、文化、生态融为一体，全面提升羊绒产业经营业态和运行质量，实现由量向质转变，叫响区域品牌影响力。**解决了"大而全"产业模式下生产销售模式中低端、品牌影响力不强、专业人才匮乏、缺乏科技文化元素，使产业发展后劲不足的问题。**

三、主要做法

开展技能培训，普通农民变"电商农民"。 自2008年以来，羊绒小镇综合管理中心依托羊绒产业，大力实施"网上市场与实体市场互动，有形市场与无形市场互补"的发展战略，免费对农民进行淘宝网入门、网店提升等技能培训，鼓励以家庭为单位开设羊绒制品网店，实现由普通农民向"电商农民"转变，成功走出了一条"产业＋电商＋乡村振兴"的互促共进的发展之路。

文旅电商融合，线下线上同步增收。 目前羊绒小镇入驻有600余家企业商户，年到访游客数量超过20万人次，年销售额100亿元以上，是有关部门认定的国家AAA级旅游景区。在羊绒小镇的示范带动下，农村电商蓬勃发展，以家庭为单位经营的网络店铺遍布全域。全县6个镇

全部被评为"淘宝镇"，65个网络销售超千万的村庄被评为"淘宝村"，被国家有关部门认定为"全国电子商务进农村"综合示范县，有效拓宽了农民增收路径。

产业帮扶模式打造"水坪四品"茶叶和 "水竹云居"民宿品牌

一、案例背景

高山有机茶是水坪村的传统产业，家家户户都有茶园。为了进一步深化产业发展，提升水坪村内生脱贫动力，2019年驻村工作队与村"两委"一道共同创建水坪四品茶叶品牌。水坪村依托金寨水竹坪创福发展

有限公司，充分发扬"一山一好茶，一村一民宿"的理念，共孕育了"水坪四品"（茶叶）与"水竹·云居"（民宿）两大品牌，通过旅游带动和品牌效益，实现水坪村村集体经济弯道超车。

二、解决的主要问题

依托高山生态有机茶优势，推动所在当地政府和帮扶单位，开发茶旅项目，促进一、二、三产业融合发展，做大做强茶产业，全力打造"水坪四品"茶叶品牌，使茶产业成为撬动村民致富的"杠杆"，为实施乡村振兴工作奠定坚实基础。通过产业带动、订单带动，带动农户增收，为村内提供一定工作岗位，**解决了当地农户与村集体经济收入较低的问题。**

三、主要做法

加强产业帮扶。 为进一步做大做强水坪村特色产业发展，当时村"两委"和当时驻村工作队一起谋划，按照"四带一自"产业帮扶模式，采取"公司＋合作社＋农户"的方式，签订采购协议、统一供应有机肥，统一收购标准，溢价10%收购鲜草的方式推广有机茶，带动了149户贫困户增产增收。2020年，水坪村从全县11个深度贫困村中率先成为7个集体经济收入超50万元的先进村。

加强品牌建设。 驻村工作队和村"两委"共同谋划创建"水坪四品"茶叶品牌。时任水坪村第一书记的宿方瑞，根据茶农采摘及制作工艺，亲自设计茶叶包装，并找到县学（北京）电子商务技术研究院无偿帮助设计茶叶品牌和包装，邀请国务院原参事、原国务院扶贫办主任、原农业部副部长刘坚为水坪茶叶品牌题词"千年抱儿山，好茶水竹坪"。通过中国（六安）国际数字商务产业发展高峰论坛暨第三届全球社交电子商务大会成功发布"水坪四品"茶叶，随着"水坪四品"上市，每年能为村集体销售茶叶45万～50万元。茶产业脱贫的典型案例分别被央视政论片《摆脱贫困》、攻坚之星栏目《茶产业风波》、攻坚日记栏目《徐生金筑梦记》多次收录和报道。

贵州省刺梨控股（集团）有限公司

致力于刺梨产业全球化发展
用科技创新助力产业升级

一、案例背景

贵州省刺梨控股（集团）有限公司（简称刺梨集团）深耕刺梨，从种植、科研、生产、销售到品牌运营，深度参与刺梨全产业链的发展，更经历了脱贫攻坚的伟大胜利，现在又无缝对接到乡村振兴的战略中，充分发挥贵州刺梨资源优势，致力于刺梨产业全球化发展，围绕"四新"主攻"四化"，集"刺梨种植＋产品加工＋技术研究＋品牌营销"进行刺

梨全产业链带动。刺梨集团一直践行绿色发展理念，与龙里县、息烽县刺梨种植户合作的仿野生种植高达12500余亩，持续对果农们生产种植提供技术指导，让刺梨亩产量及鲜果的优果率得到保证，进一步把控产品品质源头。

二、解决的主要问题

以品牌建设广泛传播刺梨价值，加强市场对刺梨产业认知；以技术攻关破解刺梨产业发展难题，促进刺梨产业标准化、统一化、可持续发展化发展；坚持市场导向，以文化赋能，推进刺梨全产业链打造；**解决了刺梨产品竞争力低、刺梨产业市场化运作效率缓慢的问题。**

三、主要做法

加强品牌建设，传播刺梨价值。刺梨集团通过树立品牌、健康知识、商业价值、活动展会、广告投放等方式，形成线上线下全域联动，触达更多的渠道和消费者。同时，摒弃传统说教式传播，建立了一个能带动贵州乡村振兴、品牌发展的示范性样本，为贵州省政务宣传和企业品牌打造探索出了一条新的路径。2022年在多彩贵州城设立刺梨博物馆，传播刺梨文化；2023年在贵安新区保税综合区设立刺梨科技展厅，通过"大旅游＋科技农业"，对刺梨进行推广与赋能。

加强技术攻关，开展产学研合作。刺梨集团以自主研发为基础，与中国科学院天产室、国药集团贵州同济堂、贵州医科大学等多家科研机构、知名高校开展深度的产学研合作。2021年，引进美国ＤＡＡ－65℃闪冻技术，突破刺梨活性营养高留存的行业难题；2022年，自主研发冰点微浓缩技术，实现刺梨营养含量新突破，为刺梨行业的"标准化、统一化、可持续发展化"做出了重要贡献。

坚持市场导向，文化赋能产业。刺梨集团坚持规范一产，着力二产，特色三产，做强加工，其后再融合区域特色文化，综合赋能，让刺梨这颗宝藏果不再被贱卖。历经6年的努力，总体呈现种植规模效益持续向好、加工能力不断提升、品牌影响不断增强、市场开拓不断扩大的蓬勃发展态势。刺梨集团将持续创新、坚守品质，以实际行动承担起企业的社会责任，向着产业兴、农业强、乡村美、果农富的目标持续迈进。

广东省茂名市电白区农业农村局

精心培育沉香龙头企业
促进沉香产业链条全面发展

广东省茂名市电白区贯彻新发展理念，充分挖掘千年贡香文化底蕴，把沉香"一棵树"的价值发挥得淋漓尽致，成为百姓的"致富钥匙"，激发了千年贡香潜能，擦亮了电白区沉香品牌。电白区在产业建设用地保障、科技人才培育、财政金融支持、基础设施建设投入等方面予以全方位支持，提出了"到电白来品香看海"的口号，推动"旅游＋多产业"深度融合发展的路线，把沉香产业作为百亿主导产业来抓。按照一、二、三产业融合发展思路，在沉香种植、加工、销售等环节"规模化"建设上下功夫，鼓励香农连片种植沉香，奖励"退桉改香"，精心培育沉香龙头企业，建立全国抖音直播基地，扎实推进沉香食药同源工作，推动沉香产业不断提质升级，把电白打造成为沉香产品有基地、有加工、有标准、有鉴定、有研发、有品牌、有销售、有物流的"八有"全国集散中心。

上海寻梦信息技术有限公司

拼多多"农地云拼"
助力农产品大规模上行

上海寻梦信息技术有限公司作为一家成立仅7年的企业，积极践行企业社会责任投身扶贫助农和乡村振兴事业，先后荣获"全国脱贫攻坚奖组织创新奖""全国脱贫攻坚先进集体"等荣誉。上海寻梦信息技术有限公司旗下主要产品为新电商平台拼多多。拼多多结合中国农业的发展状况，通过大数据、云计算和分布式人工智能技术，将分散的农业产能和分散的农产品需求在"云端"拼在一起，基于开拓性的"农地云拼"和直播助农活动体系，带动农产品大规模上行。截至2022年年底，拼多多直连全国超1000个农产区和1600万农业生产者，助力农副产品出村进城及农民增产增收。2020年，拼多多累计为140多个原国家级贫困县的近300款农产品开辟了绿色通道，触及消费者8亿人次，实现销售收入130多亿元。2022年，中国农民丰收节期间，拼多多投入50亿元平台惠农消费补贴，与全国各大农产区和近9亿平台消费者共庆丰收节。

山西振东五和医养堂股份有限公司

◆

传承中医药食同源理念
助推新农业快速发展

山西振东五和医养堂股份有限公司（简称振东五和医养堂）位于山西省上党区，上党区古称上党郡，这里气候湿润，四季分明，物种丰富，有黄芪、荣胡等上千种道地中药材，是晋药的宝库。这里诞生了最早的晋商——品泽商人。振东五和医养堂创立于1996年，深耕药食同源领域27年，屡获国家、省级荣誉称号，2020年又荣获中共中央、国务院颁发的"全国脱贫攻坚先进集体"荣誉。振东五和医养堂总资产3.46亿元，年产值10亿元，拥有独立的科研机构，获批105项国家专利，现设有特医食品，保健食品等五大医养板块，有先生口服液、五系列汤、药茶等200余款产品。产品销往全国31个省份，形成集研发、生产、营销于一体的完整产业链。振东五和医养堂在全国建有82万余亩道地中药材种植基地，把产业发展与振兴乡村计划相结合，带领农民共同富裕，为农民年增入约2万余元。

县学（北京）电子商务技术研究院

以技术、品牌、营销、产业赋能"一县一品"
打造电商爆款产品

县学（北京）电子商务技术研究院成立于2016年9月12日，是一家致力于县域经济、电子商务、乡村振兴、品牌营销、软件技术的集体所有制高新技术企业。7年间，先后赴工业和信息化部、国务院扶贫办（现国家乡村振兴局）、商务部、中央网信办、农业农村部、新华社、中国日报社、中国电子等定点帮扶的全国509个市县，围绕电子商务、精准扶贫、消费帮扶、品牌营销和产业升级展开调研、规划、实施、运营。发挥互联网和电子商务领域的优势，打造了县域电商产品质量安全追溯公共服务平台，建设了县域优质产品品牌营销赋能平台，全产业链打造"一县一品"的农业创新和农产品增值领域的电商助农和产业赋能模式。

国商商品交易中心有限公司

◆

依托交易平台 提升现代农业市场循环
增加农民收入

　　国商商品交易中心有限公司成立于2016年8月，目前获得批复以"协议交易、现货竞价、现货商城、订单商品交易"四种业务模式，开展"泰山玉、洋葱、土豆"交易服务。自成立以来，公司以服务实体经济为宗旨，以全产业链服务为内容，促进土豆、洋葱产业形成市场化大宗交易，提高目标产品的活跃度，为目标产品提供充分的市场流动性，实现两个农产品品种成交量的快速增长，增加了农民收入，推动了农业社会化进程，同时提升了现代农业的市场循环，做到"一手市场、一手农场"的衔接。国商作为助农扶农企业，始终坚持服务农业发展，不断打造成一个农业大宗商品交易平台。

Part 13

优秀案例

YOUXIU ANLI

河北子涵养殖集团有限公司

◆

畜禽粪便变废为宝 绿色循环赋能乡村振兴

一、案例背景

近年来，邱县依托畜禽粪便资源化利用整县制推进项目，立足畜牧业生态环境保护，对所有畜禽养殖场进行了全面治理整顿，扎实推进畜禽粪便资源化利用。截至目前，邱县规模养殖场粪便处理设施全部配建到位，达到无污染排放，畜禽粪便资源化利用率达到90%以上。养殖户环保意识大大增强，养殖环境得到提升，人居环境明显改善，群众满意度大幅提高。

二、解决的主要问题

河北子涵养殖集团有限公司（简称子涵公司）是一家集肉牛养殖、生物制肥、畜禽粪便回收利用为一体的生态科技型综合企业，公司参与实施了邱县2018年省级畜禽养殖废弃物资源化利用整县推进项目，项目自2020年7月份建成并投入运营以来，承担了邱县70%以上的畜禽粪便，共处理邱县县域内畜禽粪便100余万吨。子涵公司对全县畜禽粪便采取"全量收集，集中处理，就近还田、生产有机肥"畜禽粪便资源化工艺模式进行处理，达到低成本、可持续的目标，**解决畜禽粪便资源化利用"最后一公里"问题。**

三、主要做法

构建种养结合、农牧循环的可持续发展新格局。子涵公司占地1000余亩，可容纳肉牛2500头，有机肥生产线每年可处理本企业肉牛粪便、收集处理全县畜禽粪便50万吨，年产有机肥25万吨，是邱县最大的肉牛养殖基地和生物有机肥生产企业。随着畜禽粪便资源化利用工作的推进，逐步解决了养殖户粪便处理难、露天堆放的问题，同时还可以实现粪肥的循环利用，在改善人居环境的同时，也促进了畜牧业与生态建设的协调可持续发展。

科研引领发展，技术富农富民。子涵公司有机肥生产线拥有转盘性造粒机、回转干燥机等各种先进设备，与中国科学院过程工程研究所联

合进行"生物有机肥增效菌技术"研发，与河北省农业科学院共建生物增效菌工程技术研究中心。子涵公司坚持"富民青农、科技领先"的发展方针，引进优秀肉牛品种，通过人工授精、改良增效等措施，示范带动邱县肉牛产业快速发展，该公司还有国家濒临灭绝肉牛地方品种——冀南牛37头，目前正在全力配合河北省农业农村厅开展国家畜禽遗传资源保种工作。

手中有订单，产品有销路。公司生产的有机肥因具备改良土壤、防病驱虫、减肥减药等优点，深受国内市场青睐，不仅周边县市的客商"光顾"频繁，陕西、内蒙古、四川、安徽等地的客商也发来产品订单，不远千里地来采购该公司有机肥。

贵州云洁环境装备有限公司

改善农村人居生活质量
创造"如厕"舒心的环境

一、案例背景

习近平总书记对深入推进农村厕所革命作出指示,"十四五"期间要继续把农村厕所革命作为乡村振兴的重要工作切实抓好,要坚持质量第一、确保改一个成一个;要坚持改厕与保障供水和污水处理同步推进,确保达到卫生标准;要因地制宜探索适宜方式和技术,确保农民群众从中受益。

二、解决的主要问题

贵州黔东南州锦屏县三江镇令冲村是典型农村苗寨，村民居住分散，居住环境十分复杂，县政府根据当地实际情况，对整村实施农村改厕和生活污水处理。贵州云洁环境装备有限公司与苏州科技大学合作，根据贵州山地实际情况，将单户分散式和多户串联合并，应用无动力、新颖生物滤料等高新技术，处理后污水达到国家环保要求，可直接排放或用于农田灌溉。有效解决了如何改变农村如厕环境，改善人居环境生活质量的问题。

三、主要做法

研发新产品，做好粪液无害化处理。通过贵州云洁环境装备有限公司与中国科学院合作创新研发核心技术"活性生物菌"产品作用，粪便能在30天左右分解成液体，粪液通过无害化处理，最终粪液变成有机液态肥，农民继续用它浇菜种地，进一步资源化利用。

创新工艺模式，做好生活污水处理。贵州云洁环境装备有限公司根据当地实际情况，选用三格式化粪池＋四格式厌氧过滤池工艺模式对当地生活污水进行处理；卫生间粪污水接入化粪池第一格，同时在第一格桶加入活性生物菌种和填料球，便于菌种挂膜，防止菌种流失，粪便及卫生纸等有机固形物在生物菌的作用下，在20天左右逐步分解成二氧化碳和水，粪液再自第一格中部流入化粪池第二格下部，进行无害化处理，经无害化处理后达到国家卫生和有机液态肥标准，之后再流到第三格有机液态肥收集池，肥水可以作为液态肥料用于庄稼施肥，如不需要施肥，则肥水继续流到第四格灰水收集池（厨房水和洗衣洗澡水，厨房水通过隔油池，油水分离后才可以流到第四格处理池），然后流到第五格无动力好氧调节池，污水再到第六格和第七格特殊滤料过滤池，去除大部分氨氮、COD和总磷，经过滤，污水变清水，最终达到国家标准排放，或者用于农田灌溉。

陕西百味园网络科技有限公司

品牌赋能"村长鸡"
打造乌鸡产业链大数据平台

一、案例背景

略阳乌鸡是中国国家地理标志产品，1982年被编入陕西省畜禽品种志，并被列为全省唯一的家禽保护品种，因产自陕西省略阳县境内而定名为"略阳乌鸡"。2008年，原国家质检总局批准对"略阳乌鸡"实施地理标志产品保护。

二、解决的主要问题

略阳乌鸡作为县级重点支柱性产业之一，之前主要以销售白条鸡为主，受产品本身附加价值低、冷链物流成本过高、生鲜产品上架电商平台规则较多等众多因素影响，发展遇到瓶颈。针对此种情况，陕西百味园网络科技有限公司（简称陕西百味园）相继研发出自加热乌鸡汤、乌鸡酱、乌鸡精、乌鸡汁等系列深加工产品；并于2023年研发出适合直播等渠道的小包装乌鸡精及月子乌鸡汤等产品，**解决了略阳乌鸡产业链不完善、产品单一、售卖难的问题。**

三、主要做法

打造"村长鸡"品牌，推进全产业链建设。该公司注册的"村长鸡"品牌于2017年荣获中华农产品十大品牌荣誉，略阳乌鸡系列产品获得了2019年、2020年全国旅游商品大赛金银奖和第105届巴拿马万国博览会金奖等荣誉。2022年10月，"村长鸡"牌略阳自加热乌鸡汤被农业农村部农产品质量安全中心列入预制菜（预制农产品）名录，也是陕西省首家列入此名录的产品。

采用订单农业模式，助力农户增收致富。近年来，陕西百味园与全县14个镇、76个行政村、63个专业合作社、19个家庭农场、576户养殖农户实行"公司＋合作社＋农户"的订单农业模式，累计带动当地2000多户农户就业增收，人均增收2000元以上。大力发展林下"公司＋农户"的订单原生态乌鸡养殖模式，实现农户稳增收。

推进大数据平台建设，产品质量优势变品牌优势。陕西百味园占地面积近40亩，建有年生产20万吨的乌鸡专用绿色饲料生产线；日屠宰4万只乌鸡生产线1条及乌鸡分割品生产线；1100立方冷库1座；日产5万罐自加热略阳乌鸡汤生产线1条；乌鸡系列深加工产品生产线；乌鸡系列预制菜生产线1条。乌鸡产业链大数据平台建成后将达到一鸡一码、一鸡一证，通过全产业链数字化将产品质量优势转变成品牌优势，通过全产业链数字化品牌运营传播推广，将品牌优势转化成销售优势。

广东富港渔业生态科技有限公司

用工厂化循环水养殖系统
养出没有腥味的好鱼

一、案例背景

广东富港渔业生态科技有限公司（简称富港渔业）是一家集水产养殖、生态建设、加工销售、绿色能源为一体的绿色水产品全产业链服务企业，立足于粤北区域，致力于推广现代水产养殖技术，让大众享受到味美、价廉、无污染的各种鱼类产品。项目占地约300亩，其中水域面积约100亩。一期总投资约2000万元，主要建设内容包含产研楼、3栋现代化养殖车间、三池两坝生态养殖循环系统、生活食堂、宿舍及其他配套设施等，主要以加州鲈鱼标粗、成鱼吊水为主，已于2022年11月投产。

二、解决的主要问题

通过"物资供应、生产托管、技术支持、采收加工、代储代销"方式，以服务捆绑养殖农户，提升养殖户参与度，**解决了产养殖区域集中度较低，管理粗放，水产品质量产量不高等问题**。

三、主要做法

升级硬件设施，强化产业基础。其系统采用循环水工艺，生化采用移动床MBBR工艺；采用可调节循环水量，适应不同养殖品种及育苗标粗；采用环保PP板材，方便清洗消毒；配置了热泵恒温

系统，能够有效抵抗外部极端天气影响。通过内外双循环系统构成，添加海盐形成咸淡水，水环境可控，能在最大程度上节约水资源。

严格养殖方式，提升鱼肉品质。严格按照高标准吊水60天，让每一条海盐鲩鱼呈现体形修长、肉质紧实、鲜美无腥味的特质。吊水养殖让成鱼在两个月的时间内"禁食+游动"，并通过养殖系统科学的海盐、益生菌配比，使肉质更加美味紧实，达到刺身标准。

创新推广模式，技术引领发展。富港渔业采取"公司+农户"的合作模式，探索建立"农、科、教、产、学、研"紧密结合的新型农业推广模式，用先进技术引领渔业发展，为周边渔业养殖户提供强有力的保障。富港渔业流转平富村、楼下村土地约300亩，聘用8名本地农户在公司稳定就业。采取"公司+农户"的联农带农方式，发动周边农户在山塘订单式饲养鱼类。同时，富港渔业提供技术培训，农户按标养殖。现每年可收购30万～50万千克成鱼，可辐射带动50～100位农户，有效盘活闲置山塘，大幅度提升养殖户亩产效益。

阿勒泰戈宝茶股份有限公司

荒漠变绿洲 探索经济发展与
生态改善的双赢之路

一、案例背景

　　阿勒泰戈宝茶股份有限公司（简称戈宝公司）以推动"戈壁生态与人类健康良性循环"为目标，拯救开发濒临灭绝而又极具保健药用价值的罗布麻（红麻），年产罗布麻鲜叶4000吨，占全国罗布麻（红麻）资源的90%。戈宝公司获得新疆维吾尔自治区科学技术进步二等奖，自治

区农业产业化重点龙头企业，新疆特色农业好产品，"国民好蜜"金奖等荣誉，被评为在益起——粤港澳大湾区社会责任践行榜荣誉盛典"绿色发展典范"。

二、解决的主要问题

阿勒泰地区受荒漠化问题困扰，农牧民受教育程度低，生活困难。戈宝公司拯救、种植、生产罗布麻，荒漠变绿洲，引领大健康产业，在全球距海岸线最远的戈壁成功大规模仿生种植濒临灭绝的阿勒泰罗布麻，把寸草不生的戈壁荒漠变成一望无际的阿勒泰戈宝红麻花海（AAA）生态旅游景区。种植区涵养水源，使生态系统良性循环，吸引了大量动物回归栖息，沙尘暴一去不复返。戈宝公司年提供固定就业岗位100多个，年需季节性临时工上万人次，年发放农牧民工资上千万元，带动当地1500户农牧民年增收3500元／户以上。**有效缓解了当地土地荒漠化、农民生活困难等问题。**

三、主要做法

工程集五大亮点于一身，探索经济与环境双赢之路。减少棉粮争地、荒漠化治理、发展生态旅游、发展健康产业、助力乡村振兴为公司罗布麻工程的五大突出亮点，既拯救了濒危植物、防风固沙、涵养水源，又以原料供应医药、食品、纺织业，以奇观吸引游客，增收致富，助力乡村振兴。

理念创新，以公益心态做商业。中国有4亿人受到荒漠化的威胁，同时有"三高"、失眠患者超过5亿人，这两大问题都严重危害到人类的健康生存。因此戈宝公司提出创新理念，在荒无人烟的戈壁荒漠中拯救对人类健康有益却濒临灭绝的珍稀动植物并有效利用，在企业发展的同时解决社会及生态问题。

种植创新，以非常规种植方法应对极端天然条件。为应对阿勒泰地区极端特殊的天然条件，戈宝公司采取了东西株距1.5米，南北行距3米的非常规种植方法，让每株罗布麻（红麻）都能得到充分日照、通风透气，加上合理的供水施肥，使种植的罗布麻（红麻）产生更多有益于人体健康的活性成分。

山东菊福堂生物科技股份有限公司

◆

深入挖掘蛇产业
走出专、精、特、新发展道路

一、案例背景

山东菊福堂生物科技股份有限公司（简称菊福堂）是一家集现代农业、生态旅游、中医药养生、生物科技、健康养老于一体的现代化综合性企业。菊福堂围绕蛇的上下游产业，进一步延续中医传统文化，发扬光大中医的文化精髓，专注蛇类高科技产品开发，把蛇的中药价值做到

极致。目前，该公司已通过ISO9001质量管理体系认证，被评为国家高新技术企业、山东省创新型中小企业等。

二、解决的主要问题

菊福堂持续加快特色农业产业发展，助推乡村产业振兴，不断在业务特色上做文章，在产品内涵建设上下功夫，全力打造菊福堂特色蛇业品牌。立足资源优势，加快产业结构调整步伐，发展乡村特色产业，加快乡村文旅产业链的完善、供应链的整合和价值链的提升，持续完善全产业链战略布局，打造蛇产业循环增值产业链，促进农业增效、农民增收，助力乡村振兴，**解决了蛇产业链不完整的问题。**

三、主要做法

菊福堂紧紧围绕蛇类大健康产业主线，强化核心竞争力，全面开展蛇类特种养殖、特色文旅、新零售及中医药四大板块业务：

蛇类特种养殖。 积极抓住新时代特种养殖的风口，深挖蛇产业特种养殖高附加值，逐步增加蛇类原药材及蛇类医用提取物在产业内的业务拓展和销售比重，促进蛇类特种养殖板块快速转型和升级，打造蛇产业增值产业链。

特色文旅。 积极完善蛇类特色文旅业务板块，充分带动地方特色健康旅游产业的发展，整合蛇产业上下游优势资源，合理布局种养业、旅游业，形成体系健全、项目丰富、功能齐全、服务一流的新型特色康养旅游项目，通过平台撮合能力围绕蛇产业而搭建蛇博园旅游体系。

新零售。 突出新零售板块优势，不断创新销售模式。菊福堂产品有独特的市场优势和卖点，立足大健康产业未来发展的大好时机，充分发挥自身发展优势，继续深耕蛇产业链。

中医药。 借中医药发展东风，菊福堂充分发挥蛇类原药材在中医防癌抗癌中的作用，用创新的特色医药理论＋实践结合，独创中医蛇疗标准化诊疗体系，以中医蛇疗为特色亮点，针对关节疼痛、皮肤病、"三高"症、肿瘤康复等疾病开展中医药健康服务，打造菊福堂中医药特色品牌。

发展"平台＋合资公司"新模式
促进食用菌＋肉羊产业双驱动

山西省晋城市沁水县农业农村局采取"一个顶层平台，一个合资公司"发展模式，与县域政府指定的国有企业沁水农林投公司成立合资公司——中电农创(沁水)科技有限公司（简称中电农创），围绕全县"一中枢、两廊带、多园区"产业布局，深入谋划实施食用菌低碳生态产业园项目和黑山羊全产业链项目。食用菌低碳生态产业园项目，是以创建北方食用菌基地为目标，通过流转土地、开发"四荒地"，规划建设高标准食用菌种植基地300亩，采用最先进的第七代智能化调控菌菇种植大棚，与新能源项目有效结合，降本增效。核心区由中电农创自投自建，辐射区采用"按揭农业模式"，探索"村集体＋企业＋银行＋农户""公司＋合作社＋生产基地＋农户"等模式，着力打造稳定增收的利益联结机制，形成示范带动，促进农业产业规模化增长。黑山羊全产业链项目，是依托沁水县黑山羊这一国家地理标志产品，总投资3.2亿元，建设肉羊屠宰、种羊培育、饲草扩繁等内容，打造产业集群，补齐产业链条，形成品牌效应，提升产业效益，辐射端氏、固县、柿庄等乡镇，实现规模养殖，形成全产业链项目的带动。

江苏省苏州市吴江区七都镇

◆

紧扣"美美与共"理念
打造有颜值、有乡愁、有产业、有活力的乡村

　　江苏省苏州市吴江区七都镇以开弦弓村为重点打造和美乡村。开弦弓村，学名江村，是著名的社会学家、人类学家费孝通长期社会调查的基地，是世界了解和研究中国农村的窗口。近年来，开弦弓村紧扣费老"美美与共"的理念，以环境育人、产业助人、治理律人、活动引人深化文明供给，走出了一条有颜值、有乡愁、有产业、有活力的乡村振兴之路。该村在保留水乡肌理的基础上，打造"一心、一廊、三村、四园"，全力推进农文旅融合发展，在社会学文化的基因里融入美的风景；总结形成了以党建引领为核心，"自治、法治、德治"相融合，"共识、共商、共建、共治、共享"为一体的"一核三治五供"治理模式，依托全区首个"乡贤议事会"，带动村民共富，倡导文明新风尚。同时，结合费老"礼治秩序""熟人社会"等思想，村党委修订"江村之治宣言"，建设村级社会矛盾调处化解中心，积极开发"江村积分通管理系统"，探索运用数字化治理模式，以"小积分"推动"大文明"，优化文明供给。该村先后联合中国农业国际合作促进会与各大高校等开展"乡村振兴研讨会""长三角社会学论坛"等活动，出版的《世纪江村：小康之路三部曲》入选江苏省第十二届精神文明建设"五个一工程"优秀作品奖。

吉安职业技术学院

◆

围绕"一红四金"走出乡村振兴
人才培养新模式

　　吉安职业技术学院位于江西省吉安市吉州区。作为井冈山所在地吉安市唯一一所高职院校，市乡村振兴学院在此挂牌。学院坚持"作示范，勇争先"的目标要求，大力弘扬跨越时空的井冈山精神，创新人才培养路径，探索推出"一红四金"的乡村振兴培训新模式。一是红色引领，用心服务乡村振兴。深入挖掘红色资源，为乡村振兴培训强心铸魂。二是金色课程，用功向课堂要效益。把严师资水平关、把好课程质量关、把准培训实用关，面向全国聘请专家、学者和致富能手上好每一堂课。三是金色路线，用力把学问写在大地上。坚持面向一线、问题导向、真学管用的原则，通过田间地头实地教学、专家现身说法、汇聚学员智慧的方式让学员体会生动的乡村振兴实践。四是金色论坛，用智让创业激情迸发。坚持走群众路线，群策群力办好培训，通过合作交流的方式充分发挥学员学习主动性，畅谈经验助力。五是金色成果，用情把梦想变成现实。

福建省江山美人茶业有限公司

◆

美人茶乡茶飘香 三产融合发展旺

福建省江山美人茶业有限公司所属的大田江山美人茶基地位于福建省三明市大田县屏山乡，茶园平均海拔1000米以上。1995年闽台融合建立了3000多亩自有茶园，2014年开始投入5000多万元资金建成三产融合的茶庄园。截至2022年年底，已与周边村户形成大田江山美人茶景区，共接待全国各地游客及茶爱好者近200万人次；带动周边农户茶叶基地10000余亩，带动本区域及周边美人茶种植农户300多户、企业100多家。2015年，福建省江山美人茶业有限公司开始陆续建立院士专家工作站、大田美人茶研究所，带动大田美人茶的高质量发展。如今的大田美人茶已经成了大田县的区域公共品牌和全县富民的支柱产业，全县共有茶叶加工厂1310个，涉茶人员超过10万人，年加工毛茶1.48万吨，全产业链产值38亿元，被评为全国唯一的"中国高山茶之乡"。大田县先后荣获全国十大魅力茶乡、全国十大生态产茶县、全国茶叶优势百强县、全国最美茶园、全国绿色茶叶标准化生产基地县等荣誉，国家市场监督管理总局将大田县列入福建乌龙茶地理标志产品保护区域。其中，全县共有适制大田美人茶面积7万亩，2021年产量4000吨，占全国美人茶产量的70%，是当之无愧的"中国美人茶之乡"。

陕西岐山县面食产业发展服务中心

———————————◆———————————

推模式、塑平台、树品牌
深入挖掘"一碗面"经济价值

岐山县面食产业发展服务中心位于陕西省宝鸡市岐山县凤鸣镇。近年来，陕西岐山县面食产业发展服务中心坚持臊子面、擀面皮两轮驱动、三产深度融合，围绕"一碗面"经济要素构成，建成优质粮食、设施蔬菜、绿色养殖、特色果品四大主导产业，通过延链补链强链，引领各类生产经营主体积极参与，聚力构建民俗食品产业体系，形成共建共享"一碗面"经济的良好局面。2022年，"一碗面"经济产值达到148亿元，从业人员9.3万人，人均年收入4.3万元，成功入选农业农村部全国农业全产业链典型县。

一是建优基地，带动一产。推广"龙头企业＋合作社＋基地"模式，新增农业产业化龙头企业5户、家庭农场26个、农民合作社45户。建成示范基地10个，认证绿色农产品12个、有机食品5个。

二是建好平台，带旺二产。将食品产业园作为"一碗面"经济发展的主平台，投资35.6亿元实施重点项目63个。围绕做精食品加工，累计培育全产业链骨干企业38家，全面加快民俗食品工业化步伐。

三是建强品牌，带活三产。围绕提升市场竞争力，实施"百城千店"工程。壮大县级电商服务中心，培育村级淘宝站70个，"一碗面"电商交易额突破20亿元。

成都市南诏液酒业有限公司

<hr>

五粮酿造浓香酒 白酒之都南诏液

    成都市南诏液酒业有限公司，地处中国"白酒之都"、全国最大的浓香型白酒生产基地——四川省宜宾市，现有四川省级森林公园翠屏山产区、国家ＡＡＡＡ级景区李庄古镇区域产区两大原酒生产基地，占地面积500余亩，拥有古窖池群及优质窖池5500余口（含李庄基地在建窖池），可年产多粮浓香型、多粮浓酱兼香型白酒40000吨（含李庄基地规模产能），常态化基酒储量近20000吨。南诏液系川酒集团旗下叙府酒业的一款子品牌，是由大米、小麦、糯米、高粱和玉米5种原料酿制而成的浓香型粮食酒。

岐山天缘食品有限公司

<hr>

非遗酿造良心醋 村企联建促振兴

　　岐山天缘食品有限公司（简称天缘食品）是陕西省农业产业化经营重点龙头企业，工业旅游项目被确定为陕西省"万企兴万村"行动典型项目。天缘食品以传承、弘扬源自3000多年前的省级非遗——岐山农家醋酿造技艺为己任，在25年的创新发展中，坚守"良心醋、健康路"的总体战略和"好醋好生活"的天缘梦想，守正创新，砥砺前行。近几年，天缘食品积极响应国家"乡村振兴战略"，发挥龙头企业的引领示范作用，以食醋产业发展为基，与当地大营乡八角庙村实施村企联建，创造性地探索出了"以三产融合助推乡村全面振兴"的特色之路。

中国农业电影电视中心简介

　　中国农业电影电视中心（简称中国农影）是农业农村部直属新闻宣传单位、国字号现代传媒机构、大型综合性影视创作生产基地、中央新闻单位，具有70多年的电影创作、20多年央视电视节目承制史，拥有近千人的专业人才团队以及强大的影视创作生产实力。目前已建成中央农办秘书局、农业农村部新闻办指导的"中国三农发布"政务矩阵、中央新闻网站"农视网"全媒体矩阵、"三农"信息聚合服务平台"三农头条"，充分发挥新媒体内容原创及传播能力，围绕乡村振兴讲好"三农"故事，是对农新闻宣传的国家队和主力军。中国农影扎根沃土，服务"三农"，影视创作硕果累累。许多精品力作先后获得"五个一工程"奖、中国新闻奖、金鸡奖等国家级重大奖项。

　　中国农影目前有干部职工近千人，高级职称140多人，长期战斗在"三农"新闻宣传领域第一线，具有影视创作、融媒体传播、承办活动的

丰富经验，是一支负责任、高素质、能力强的新闻宣传队伍。

　　70多年奋斗历程和潜心深耕，中国农影积累了包括地位作用影响力、队伍条件支撑力和专业经验发展力等宝贵资源，坚守影视创作"看家"本领，着力推进"四块屏"建设（电视屏、电影屏、第三方平台小屏、自有平台小屏），持续擦亮"中国农影"招牌，加快构建全媒体传播体系，用专业素养和创作实力讲好中国"三农"故事，以守正创新为内核打造品牌栏目节目和新媒体传播矩阵。

　　1996—2019年，中国农影承制了23年CCTV-7农业节目，每天播出8小时，以高收视、影响广泛创造了电视业界"七套现象"。至今承担CCTV-17农业农村频道《致富经》《谁知盘中餐》《三农群英汇》《振兴路上》《乡村大舞台》《乡理乡亲》等多个栏目的节目创作生产，占频道自制节目（除电视剧）播出总量的三分之一左右，独家代理《致富经》《谁知盘中餐》《乡村大舞台》栏目广告。制作《乡约》《一乡一品》等多档栏目，在地方卫视、央视其他频道播出。

"三农"新闻宣传

"三农"人物大型公益推介活动

科教电影是中国农影的立身之本和优势特色。1949年6月29日成立以来，摄制科教片、教学片、纪录片等近千部，拥有深厚的历史积淀、突出的专业特色、丰富的人才储备和丰硕的创作成果，推出了《绿色长城》《大戏记忆》《植物工厂》等多部重磅作品，其中，《第13片绿叶》《气候变化与粮食安全》《绿色长城》等获得中国电影金鸡奖最佳科教片奖，纪录电影《国之瑰宝——大戏记忆》《加油吧！乡亲们》等多部作品获得金鸡奖提名表彰。近年来，中国农影深耕中国农民电影节、纪录电影。连续五届成功举办中国农民电影节，以大规模、新形式、高立意，通过举办农村题材电影推介、开幕晚会、电影公益展映活动等，成为中国农民丰收节一大重要的特色品牌活动，获得广泛社会影响和良好社会效益。

中国农影旗下新媒体账号全网粉丝量达到5000多万人，可触达用户群超过8亿人，初步构建起"新闻＋政务服务商务"的全媒体、多矩阵的传播新格局，围绕乡村振兴讲好"三农"故事。"中国三农发布"政

中国农民电影节

务矩阵是第三方头部平台"三农"新媒体第一号，作为中央农办、农业农村部新闻宣传官方平台，"中国三农发布"全网粉丝突破2000万人，登陆抖音、快手、哔哩哔哩、微博、今日头条、人民网、学习强国、新华网等18家新媒体平台，其中抖音粉丝491万人，快手粉丝448万人。"中国三农发布"抖音号荣获中央网信办"2022年度走好网上群众路线百个成绩突出账号"，是唯一的涉农新媒体账号，位列第24位，获得新浪微博"金牌政务号"、快手"最具影响力政务号"、人民日报人民号"年度优质政务创作者"、知乎"年度优秀政务号"等互联网头部平台的最高荣誉。

中国农影还拥有自有新媒体平台农视网（农视NTV）和"三农头条"客户端。农视网是中央新闻网站，国家网信办认定的新闻信息稿源单位，紧密围绕党中央和农业农村部重点工作，设有时政、新闻、政策、智库、财经、品牌＋、地方等频道，开设NTV·直播、"中国三农发布"、农视致富等原创版块，实现24小时直播不间断。全面宣传"三农"

| 9.23全球农产品直播电商节 | 丰收中国万里行大型公益宣推活动 |

事业，助力乡村振兴发展。"三农头条"App是"三农"信息聚合服务平台。与核心新闻媒体紧密互动，聚合"三农"领域最权威信息，同市场头部平台深度合作，建立信息发布专属对接渠道，邀请县级融媒体入驻平台，共同打造立体、全面的新闻信息平台。"三农头条"App下载量已突破220万次，120个县融媒体入驻振兴号。

中国农影依托强大的专业人才团队和雄厚的影视创作生产实力，潜心创作生产一批影视精品力作。《落地生根》入选中宣部脱贫优秀节目和国家广电总局"决胜全面小康 决战脱贫攻坚"公益展播，荣获2021年第九届优秀国产纪录片及创作人才推优长片奖、2020年广州纪录片节组委会特别推荐优秀纪录片等奖项。《脱贫大决战——我们的故事》成为国家广电总局"记录新时代"纪录片精品项目，被列入"十四五"重点纪录片项目，入选广电总局2021年度国产纪录片及创作人才扶持项目，在东方卫视、江苏卫视、山东卫视、陕西卫视、广西卫视5家省级卫视同步首播，并相继登陆爱奇艺、腾讯、哔哩哔哩等多家主要网络视听平台。国家广播电视总局脱贫攻坚重点电视剧《那些日子》在江苏卫视、浙江卫视及学习强国、爱奇艺等全网平台播出，收视和社会效益均取得了不俗的反响。《乡约》栏目入选国家广电总局2022年广播电视重点节目、2022年第一季度广播电视创新创优节目；与腾讯新闻联合推出的网络综艺节目《向上之路》，全网播放量总计超过4

亿，登上腾讯新闻热榜TOP1。

中国农影创新全媒体时代宣传新模式，坚持公益直播，举办一系列品牌活动，真诚服务"三农"，产生广泛的社会影响。中国农影与总台农业农村节目中心联合推出年度乡村振兴十大新闻评选活动，发起年度"三农"人物推介活动，产生巨量宣传效果。举办"丰收中国万里行""9·23全球农产品直播电商节"等全媒体宣推活动，助力当地农产品扩大知名度，拓宽乡村产业路径，促进增产增收。

中国农影发挥"三农"专业和影视创作的双重优势，与部委、地方政府、企业等开展多种形式合作。承办农业农村部、国家乡村振兴局"县乡长说唱移风易俗"优秀节目展演活动，退役军人事务部"老兵永远跟党走"主题演讲活动，全国妇联"优秀军嫂事迹"分享会等中央部委以及中国农业银行"全国粮食机收减损技能大比武"等活动。

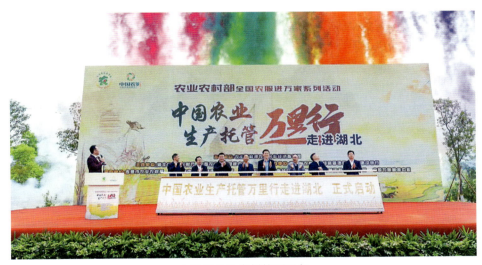

中国农业生产托管万里行

中国农业电影电视中心

关于公布首批乡村振兴赋能计划
典型案例的通知

各有关单位：

　　为充分发挥自身优势和作用，服务乡村振兴，中国农业电影电视中心联合相关媒体和行业组织，共同组织实施《乡村振兴赋能计划（2023-2025年）》。

　　乡村振兴赋能计划以习近平新时代中国特色社会主义思想为指导，深入贯彻党的二十大精神，按照全面推进乡村振兴和建设农业强国的部署要求，充分发挥三农宣传国家队、主力军和行业组织的作用，将用三年时间与全国各地1000个地方政府（部门、单位）、1000家企业，通过提供CCTV-17公益展播、融媒体宣推、大型活动、直播展示、央视广告、荣誉推介等六大赋能方式，大力推介各地的优质产品、特色产业和优秀企业，为乡村振兴的奋斗者加油，为乡村振兴的时代画添彩，为全面推进乡村振兴赋能。

　　合相关媒体和行业组织，在各地自主申报和　　　振兴赋能计划"的案例中，推介出乡村振　　　　人才振兴、文化振兴、生态振兴、组织振　　　　、农服强农、文旅惠农、名企助农和电　　　　和15个优秀案例。这些案例主体在不　　　　村振兴走向深入，推动了我国农业农村　　　　借鉴。

　　　　计划典型案例名单予以公布，供各地

　　　　计划典型案例名单

中国农业电影电视中心
2023年4月10日

中国农业电影电视中心

关于征集首批"乡村振兴赋能计划"典型案例的通知

各有关单位：

为贯彻落实党中央、国务院决策部署，服务乡村振兴，中国农业电影电视中心联合相关媒体和行业组织，共同组织实施《乡村振兴赋能计划（2023—2025 年）》，发挥三农宣传国家队、主力军作用和行业组织的作用，广泛宣传各地的美丽风光、文明风尚和典型经验，大力推介各地优质产品、特色产业和优秀企业，为全面推进乡村振兴赋能。

中国农业电影电视中心将在参与乡村振兴赋能计划的各类案例中，遴选出典型案例于 4 月举办的乡村振兴品牌节上统一对外发布，并在 CCTV-17 农业农村频道进行公益展播。

一、征集内容

典型案例聚焦各地乡村振兴创新发展的经验做法，分为产业振兴、人才振兴、文化振兴、生态振兴、组织振兴、品牌兴农、特产富农、农服强农、文旅惠农和名企助农等十大类各若干个典型案例。典型案例将被授予称号，比如"乡村振兴赋能计划——产业振兴典型案例"。

二、申报条件

向社会公开征集。由各级主管部门、媒体和行业兴赋能计划，且在全面推进乡村振兴工作中具显著成效的案例中进行推荐，也可由案例主体振兴赋能计划典型案例以各级主管部门、媒

近五年无违法违规行为，没有重大投诉和

会信用良好，无诚信不良记录。

或淘汰类产业。

审查（3 月 25 日前）

盖章，由推荐单位填写推荐意见并发送至指定邮箱。

前）

评议，推出首批典型案例名单。

予（4 月 12 日）

乡村振兴品牌节上进行发布，称号。

月中下旬起）

影全媒体矩阵平台进行全网全媒体宣传展示。

中国农业电影电视中心
2023年3月13日

2

中国农业电影电视中心

乡村振兴赋能计划
（2023—2025 年）

　　为充分发挥自身优势和作用，服务乡村振兴，中国农业电影电视中心联合相关媒体和行业组织，共同组织实施《乡村振兴赋能计划（2023—2025 年）》。

　　一、指导思想

　　以习近平新时代中国特色社会主义思想为指导，深入贯彻党的二十大精神，按照全面推进乡村振兴和建设农业强国的部署要求，充分发挥三农宣传国家队、主力军和行业组织的作用，广泛宣传各地的美丽风光、文明风尚和典型经验，大力推介各地的优质产品、特色产业和优秀企业，为乡村振兴的奋斗者加油，为乡村振兴的时代画添彩，为全面推进乡村振兴赋能。

　　二、目标任务

　　利用 3 年时间，通过农视网、三农头条、中国三农发布、乡村振兴 TV 等自有平台矩阵，CCTV-17、新华网、人民日报客户端、央视网等央级媒体，今日头条、抖音、快手等三方头部平台，联合行业和地方媒体，为 1000 个地方政府（部门、单位）、1000

强国的磅礴力量.

步骤

赋能需求

电影电视中心发布赋能计划征集令，地方政府和企业根据自身实际提出宣传推介等赋能需求.

能方案

影电视中心联合相关媒体和行业组织在深入、单位）或企业需求的基础上拟定宣传推介

议

方案达成一致意见后，签订宣传推介服责任、权利和义务.

心及相关方按照协议约定为地方政宣传推介服务，为推进乡村振兴赋

中国农业电影电视中心
2023 年 3 月 12 日

中心

新媒体

电视

电影

图书在版编目（CIP）数据

田间地头给出的答案：乡村振兴赋能计划典型案例
汇编．2023年／中国农业电影电视中心编．—北京：
中国农业出版社，2023.5
ISBN 978-7-109-30792-6

Ⅰ.①田…　Ⅱ.①中…　Ⅲ.①农村－社会主义建设－
案例－汇编－中国　Ⅳ.①F320.3

中国国家版本馆CIP数据核字（2023）第103622号

中国农业出版社出版
地址：北京市朝阳区麦子店街18号楼
邮编：100125
责任编辑：刁乾超　任红伟　　文字编辑：吴沁茹
版式设计：李文革　　责任校对：刘丽香　　责任印制：王　宏
印刷：北京中科印刷有限公司
版次：2023年5月第1版
印次：2023年5月北京第1次印刷
发行：新华书店北京发行所
开本：700mm×1000mm　1/16
印张：19
字数：310千字
定价：98.00元